Kind in Ostwestfalen-Lippe

COMPANIONS

1.000 Tipps & Adressen
für drinnen und draußen.
Der kreative Stadt- und Freizeitführer
für Eltern, Großeltern,
Onkel, Tanten, Lehrer …

Der Oskar steht für
besonders empfehlenswerte Adressen

Im Laufe der Jahre haben viele freche Gesichter von den Covern der Reihe geblickt – und gar nicht so selten dem Leser die Zunge ausgestreckt!

Liebe Leserin, lieber Leser,

jetzt ist es soweit. Die Buchreihe „Kind in …“ ist mit der 20. Ausgabe definitiv erheblich älter als ein Großteil der Menschen, für die sie geschrieben wurde: die Kinder.

Die gemeinhin als klassisch geltende Familienstruktur ist seit Erscheinen des ersten „Kind in …“-Bandes bunter geworden: Wer kannte Anfang der 90er-Jahre schon den Begriff Patchwork-Familie? Und die Elternzeit auch für Väter war etliche Kilometer weiter vom Terrain des Selbstverständlichen entfernt als heute. Dieser Vielfalt im Familienleben, die auch mit breiter gefächerten Bedürfnissen und Interessen verknüpft ist, versuchen wir mit unseren regionalen Freizeitguides für Eltern und Kinder immer wieder neu gerecht zu werden. Zum Jubiläum auch ganz sichtbar: Jede der 12 aktualisierten Regionalausgaben hat ein individuelles Cover!

Geblieben sind 224 Seiten pro Band, geschrieben von engagierten Journalisten, die selbst Eltern, Onkel oder Tanten sind und wissen, was ein kindgerechtes Angebot auszeichnet – und was eben nicht. Die beschriebenen Adressen werden vor Ort getestet und versiert bewertet. Ein kurzer Blick reicht, um alle Infos zu finden, die Sie zu einem Angebot brauchen.

Und weil Ihre Meinung uns wichtig ist, finden Sie im XXS-Magazin eine Leserumfrage. Uns interessiert, was Sie von „Kind in …“ halten und ob Sie Wünsche oder Verbesserungsvorschläge haben. Ihr Mitmachen soll nicht unbelohnt bleiben. Unter allen Einsendungen verlosen wir einen einwöchigen Urlaub im österreichischen Hotel Peternhof.

Wir wünschen Ihnen eine schöne Zeit mit den Kindern, die Sie lieben!

Die Redaktion des Companions-Verlages

Kind in OWL: auf einen Blick!

Auf Recherche:

Jens Reddeker, geboren 1976 in Paderborn, wohnt in Hövelhof und arbeitet als Tageszeitungsredakteur. Da er noch keine eigenen Kinder hat, war er dankbar für die vielen Tipps von Freunden, die sich als Eltern einen aktualisierten Familien-Freizeitführer gewünscht haben.

INHALT

Was gibt's noch?

In der Buchmitte finden Sie das XXS-Magazin, einen Ratgeber rund um Kind und Familie. Lesen Sie u.a., wie Eltern ihren Kindern Englisch schon im Kindergarten schmackhaft machen können, was in ein funktionelles und sicheres Kinderzimmer gehört und wie eine ausgewogene Ernährung für Kinder aussieht.

Englisch mit Hexe Huckla
Sprachen sind doch kinderleicht
Das neue Hexe Huckla-Musical!
Huckla und die total verrückte Sprachmaschine
Langenscheidt
Hucklas Sprachmaschine funktioniert nicht.
Mr. Mouse könnte sie zum Laufen bringen, aber dafür will er Stinkekäse! Eine Geschichte mit 6 lustigen Songs, bei der keine Lesekenntnisse nötig sind.
Bilderbuch mit 1 Audio-CD
ISBN 978-3-580-20721-1
Englisch – keine Hexerei
Bilderbuch
mit 2 Audio-CDs
ISBN 978-3-468-20725-9
Französisch – keine Hexerei
ISBN 978-3-468-20366-4
Huckla feiert Hexengeburtstag
Bilderbuch
mit 1 Audio-CD
ISBN 978-3-468-20726-6
Langenscheidt
...weil Sprachen verbinden
www.langenscheidt.de/kids

INHALT

Wie finde ich mich zurecht?

„Kind in Ostwestfalen-Lippe" enthält so viele Informationen – da muss man erst mal einen Überblick bekommen. Kennen Sie die tollsten Kinderattraktionen Ihrer Region? Die „Hits für Kids" sind als Einstieg ideal – und helfen u.a. bei der Planung einer unvergesslichen Kindergeburtstagsparty. Und wenn Sie wissen wollen, ob es in Ihrer Nähe eine Malschule oder einen Waldspielplatz für Ihre Jüngsten gibt, dann werfen Sie einfach einen Blick ins Inhaltsverzeichnis.

Das Infomagazin für junge Familien
KIND
& GESUNDHEIT
Gratis
in vielen Apotheken
und bei Ihrem
Kinderarzt
Das Magazin für
junge Familien
KIND & GESUNDHEIT: Die Zeitschrift für Familien. Alles Wissenswerte rund um Gesundheit, Prävention und Entwicklung. Informativ und serviceorientiert. Persönlich und von Experten begleitet.
Noch mehr Infos, Elternforum und Tipps von Medizinern auf:
www.KINDundGESUNDHEIT.de

Kind in Ostwestfalen-Lippe: die ganze Region

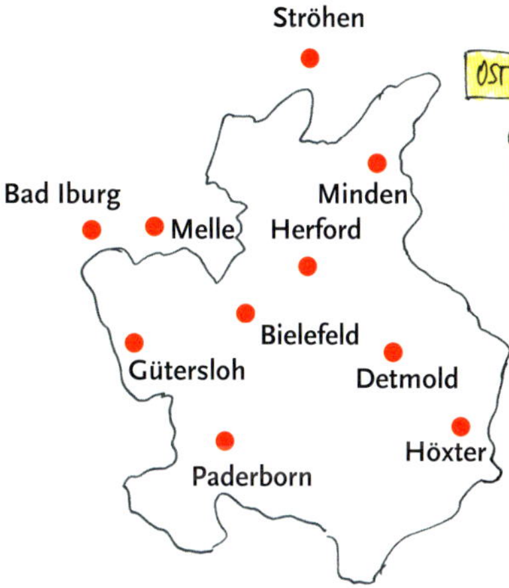

Unsere Karte zeigt Ihnen die wichtigsten Städte der Region im Überblick: Hier liegen die meisten Adressen aus diesem Buch. Natürlich ist die Karte nicht vollständig, aber sie soll ja auch nur eine kleine Orientierungshilfe sein.

Unterwegs mit Bus und Bahn

Sie wohnen in Höxter und möchten am Wochenende im Lippesee baden? Oder im Vogelpark Dehme den frisch geschlüpften Nachwuchs besuchen?
Kein Problem: Unter der Telefonnummer 01801-21 22 21 verrät Ihnen „der Sechser", ein Zusammenschluss von fünf Verkehrsverbünden in Ostwestfalen-Lippe, rund um die Uhr, wie Sie Ihr Ziel schnell und bequem mit öffentlichen Verkehrsmitteln erreichen. Sie müssen lediglich Ihren Start- und Zielort angeben sowie die gewünschte Abfahrts- oder Ankunftszeit, und in Sekundenschnelle erfahren Sie, wann Sie in welches Verkehrsmittel steigen müssen. Der Service ist auch im Internet unter www.dersechser.de abrufbar.

Ostwestfalen-Lippe für Einsteiger

Freilichtmuseum Detmold

In den alten Fachwerkhäusern ist Handwerk hautnah zu erleben. Wer's romantisch mag, kutschiert mit dem Pferdewagen durch die vielen historischen Dörfer. S. 49

Sparrenburg

Das Wahrzeichen der Stadt Bielefeld steht oben auf dem Berg: die Sparrenburg. Hier haben Ritter gehaust, geschmaust und gefeiert. In den unterirdischen Gängen ist es immer kühl und schaurig schön. S. 59

Stadtrallye Bielefeld

Wie heißt der fliegende Mann auf dem Brunnen am Alten Markt? Kleine Stadtdetektive lösen auf dieser Tour knifflige Aufgaben und lernen Bielefelds Altstadt auf spielerische Art gut kennen. S. 62

Schloss Brake in Lemgo

Wie haben eigentlich die alten Lipper gelebt? „Visitenkarten aus Stein" und vieles mehr, was Menschen vor 400 Jahren lieb und teuer war, werden im Weserrenaissance-Museum gezeigt. S. 60

Emmerstausee

„Ahoi, Kapitän, nimm mich mit auf die Reise": Kids lassen sich bei einer Rundfahrt an Bord der „MS Lipperland" so richtig den Wind um die Nase wehen. S. 69

Adlerwarte Berlebeck

Nichts für zarte Gemüter: Im Teutoburger Wald liegt die größte Greifvogelwarte Deutschlands. Über dem Publikum kreisen Geier mit einer Spannweite von fast drei Metern und Adler setzen zu atemberaubenden Sturzflügen an. S. 34

Ziegelei Lage

In der Ziegelei Lage scheint es, als sei die Zeit stehen geblieben. Das Tollste: Kleine Nachwuchs-Handwerker können selbst ausprobieren, wie Ziegelsteine geformt und gebrannt werden. S. 110

Glashütte Gernheim

Warum greift der Glasbläser zur Pfeife? Woraus besteht eigentlich Glas? Und warum ist es durchsichtig? Glasklare Erkenntnisse und spannende Vorführungen erwarten neugierige Kids in Gernheim. S. 107

Schlossfest

In der weitläufigen barocken Parkanlage rund um Schloss Neuhaus bei Paderborn fühlt man sich in ein anderes Jahrhundert versetzt. Und während des „Schlosssommers" tobt hier der Bär: Jedes Wochenende finden dann Open-Air-Konzerte, Flohmärkte oder Theatervorstellungen statt. S. 47

Potts Park

Im Velodrom müssen sich kleine Bilderstürmer das Fernsehbild erst erstrampeln. Auch für Wildwasserbahn, Freifallturm, Hochseilräder und Spiegelkabinett gilt: In jedem Karussell und hinter jeder Tür wartet eine neue Überraschung auf abenteuerlustige Entdecker. S. 29

Fotos: MS Lipperland, Stadtmarketing Detmold, Potts Park, Adlerwarte Berlebeck

Hinter den Kulissen

Residenzschloss Detmold

Wer am Eingang zu diesem märchenhaften Schloss in die riesigen Filzpantoffeln schlüpft, kann herausfinden, wie die feine Gesellschaft heute lebt. Schließlich wohnt hier noch immer echter lippischer Adel. S. 57

Motor Technica Museum

Junge Tüftler werfen einen Blick auf die Motoren und inspizieren alte Autos, Flugzeuge, Motorräder und den original Londoner Doppeldeckerbus. Es gibt viele Schätze zu bestaunen. S. 109

Volkssternwarte Paderborn

Per Fernbedienung öffnet sich ein Verdeck auf dem Dach, das aussieht wie ein Riesenschokokuss und freie Sicht ins Universum ermöglicht. S. 105

Schachtschleuse

Die Schachtschleuse sorgt dafür, dass Schiffe von der Weser in den Mittellandkanal fahren können und umgekehrt, obwohl zwischen den Wasserstraßen mehr als zehn Meter Höhenunterschied liegen. S. 66

Feuerwehrmuseum

Ein aufregender Beruf – kein Wunder, dass die „Männer in Rot“ auf der Job-Hitliste vieler Kinder noch immer ganz oben stehen. Top: Im Feuerwehrmuseum in Kirchlengern können original Feuerwehrautos, Uniformen und Löschutensilien besichtigt werden. S. 107

Fotos: Motor Technica Museum, Neubauamt Mittellandkanal, Xalanx/Fotolia.com

Picknicken in Ostwestfalen-Lippe

Externsteine
Im Schatten der sagenumwobenen Riesensteine im Lipperland kann man herrlich eine Decke ausbreiten und nach Herzenslust essen und trinken. Und zum Nachtisch folgt der Aufstieg zum Gipfel. S. 52

Lemgoer Stadtwald
Ein lauschiges Bänkchen zum Picknicken findet sich garantiert am Wegesrand. Und nach der deftigen Mahlzeit lockt ein Gehege mit Wildschweinen. S. 32

Wildgehege Bad Salzuflen
Rund um das große Wildgehege laden Bänke zum Beobachten und Verweilen ein. Der Proviant kann ganz bodenständig auf einer der vielen Wiesen verspeist werden. Es schmeckt garantiert überall. S. 42

Kaiser-Wilhelm-Denkmal
Wer die Serpentinenstrecke zum Denkmal an der Porta Westfalica erklommen hat, hat eine Pause verdient. Schon mal im Schatten eines Kaisers gespeist? Hier bietet sich die Gelegenheit. S. 53

Hermannsdenkmal
Mit sieben Meter langem Schwert thront Hermann der Cherusker oben auf dem Berg. Er hat seinerzeit die Römer in Westfalen gestoppt. Zu seinen Füßen lässt sich's im Teutoburger Wald prima picknicken. S. 53

ANZEIGE

Große Pausen für kleine Abenteurer

Während der Burgbesichtigung flitzen sie als kleine Burgherren aufgeregt durch die Gemäuer, im Erlebnisbad kidnappen sie als Piraten ihre Eltern – Kinder können bei Ausflügen ihrer Fantasie freien Lauf lassen und das bedeutet Spaß für die ganze Familie. Damit auch nach mehreren Stunden voller Toben und Entdecken die gute Laune nicht verloren geht, sind regelmäßige Pausen ganz wichtig, um neue Energie zu tanken. Neben ausgewogenen Mahlzeiten darf dabei das Auffüllen des Flüssigkeitshaushalts mit Wasser, ungesüßten Tees oder Fruchtsaftschorlen nicht zu kurz kommen.

Der FruchtTiger-Tipp: Nehmen Sie bei Ausflügen immer ein Energie-Paket mit, bestehend aus belegten Vollkornbroten, Obst, Nüssen, Vollkornkeksen sowie den neuen 100% natürlichen FruchtTiger Getränken in den praktischen 0,5 l oder 0,25 l Flaschen für unterwegs.

Spaß zum Nulltarif

Kinderzirkus Zapzarappi

Wer in dieser magischen Gruppe akrobatische Kunststücke und Spiele mit dem „heißen Element" lernen möchte, braucht keinen Pfennig zu zahlen. Hier geht es auf die Bretter, die einmal die Welt bedeuten könnten. S. 153

Tierpark Olderdissen

Wölfe, Wildschweine und Bären tummeln sich im Tierpark Olderdissen. Um sie zu besuchen, braucht das Portemonnaie nicht gezückt zu werden. Tierfreunde sind hier in ihrem Element. S. 41

Burgruine Vlotho

Hier können kleine und größere Abenteurer die Ritterzeit nachspielen und sich wie Burgherren fühlen. Ein super Blick über die Stadt rundet das Gratisabenteuer ab. S. 56

Öffentliche Büchereien

Dauerregen – davon lassen wir uns die Laune nicht verderben! In den kuscheligen Büchereien der Region können Kinder Bücher finden, Spiele, CDs, Filme und noch vieles mehr ausleihen. Und das Beste am Schmökern: Es ist kostenlos. S. 142

Zigarrenmuseum Bünde

Nicht nur die größte Pfeife der Welt ist hier (noch) kostenlos zu bestaunen. Es wird auch erklärt, wie aus getrockneten Blättern Zigarren gedreht werden. S. 90

Fotos: Deutsches Tabak- und Zigarrenmuseum

Ostwestfalen-Lippe für Geburtstagskinder

Heinz Nixdorf Forum

Wer mal mit dem Abakus rechnen oder eine spannende Rallye durchs größte Computermuseum der Welt machen möchte, sollte ein aufregendes Geburtstagsprogramm im Nixdorf Forum buchen. S. 109

Diözesanmuseum

Prachtvoller Kirchenschmuck, wahre Kostbarkeiten aus der ganzen Welt, ist in Paderborn ausgestellt. Geburtstagsgesellschaften wird ein buntes Programm geboten: Sie können wählen, ob sie z.B. lieber „Gold treiben“ oder „Kirchenfenster“ herstellen wollen. Das wäre doch was. S. 83

EuroEddy's Spielparadies

Eine Geburtstagsparty außer Rand und Band gibt es in EuroEddy's Spielparadies in Bielefeld. Es ist die Indoor-Alternative zum Spielplatz und hat für jeden Geburtstagsgast etwas zu bieten. S. 129

Kunsthalle Bielefeld

Passend zu einem ausgewählten Gemälde steigen in der beliebten Kunsthalle kreative Geburtstagsfeiern. Verkleidungsspaß inklusive. S. 147

Märchenmuseum

Märchenhaftes aus Orient und Okzident ist hier versammelt. Geburtstagskinder starten zu einer fantastischen Reise. S. 82

Fotos: Heinz Nixdorf Forum, Christiane Heuwinkel/Kunsthalle Bielefeld, Sean Locke/iStockphoto.com

Lernen & Wissen

Foto: Photodisc

Nachhilfe

Wenn es in der Schule schlechte Noten regnet und der Nachwuchs nicht weiterkommt, kann Nachhilfe viel Unterstützung bieten. Anbieter gibt es fast überall in der Region. S. 156

Computerschulen

Ohne Computerkenntnisse geht es heutzutage für Kids nicht mehr. Damit sie eine ordentliche technische Grundlage haben und nicht bloß Spiele bedienen können, helfen Computerschulen beim Ergründen von realer und virtueller Welt. S. 154

Landwirtschaftskammer

Nicht alle Kinder wissen, wie eigentlich die Lebensmittel in den Supermarkt kommen. Die Landwirtschaftskammer kann dem Nachwuchs einen Wissensvorsprung liefern. S. 155

Verkehrserziehung

Auch kleine Menschen müssen sich regelmäßig im wuseligen Straßenverkehr bewegen. Wie sie das richtig und mit der nötigen Vorsicht machen, erklären ihnen ganz spielerisch die Mitarbeiter der Verkehrserziehung. S. 158

Kinder-Uni

Studieren kann man nicht erst nach dem Abitur. Schon für Kinder öffnet die Universität Bielefeld ihre Türen und lädt zu speziellen Vorlesungen für die Nachwuchs-Forscher ein. Es gibt sogar eigene Studentenausweise für die jungen Wissenschaftler. S. 160

UNTERWEGS AN DER FRISCHEN LUFT

Foto: iStockphoto.com/Parker Deen

Foto: Photodisc

PARKS & ERLEBNIS-PARKS

Erlebnisparks

Gartenschaupark Rietberg
Rathausstr. 36, 33397 Rietberg, Tel. 05244-98 61 11, www.gartenschaupark-rietberg.de, info@gartenschaupark-rietberg.de
Zehntausende Menschen kamen 2008 nach Rietberg und ließen sich von einer Landesgartenschau faszinieren, die die gesamte malerische Stadt mit ins Konzept einbezog. Auch nach dem Ende der offiziellen Schau lohnt sich mit Kindern ein Besuch. Der 40 Hektar große Gartenschaupark hat viele Spiel- und Spaßangebote und vor allem einen neu angelegten Hochseil-Kletterpark, der auch für Kinder und Jugendliche geeignet ist. Öffnungszeiten des Gartenschauparks: April-Okt 9-19, Nov-März 10-16 Uhr. Eintritt: € 2,50, Familienticket € 5. Klettergarten Kinder/Jugendliche ca. € 17, Erwachsene € 25 (inkl. Eintritt in den Gartenschaupark).

Flora Westfalica
Mittelhegge 11, 33378 Rheda-Wiedenbrück, Tel. 05242-93 01-0, info@flora-westfalica.de, www.flora-westfalica.de.
Die Flora Westfalica – 1988 liebevoll gestaltet für die Landesgartenschau – ist heute ein Familienpark. Der Park verbindet die Stadtteile Rheda und Wiedenbrück und hat weit mehr als Spazier- und Radwege zu bieten: Der Wasserspielplatz am Emssee ist mit seiner Riesenrutsche, den Wasserläufen und der „Goldwaschanlage" das bevorzugte Revier der Wassernixen. Mutige Klettermaxe fordert der Seilzirkus zu akrobatischen Höchstleistungen heraus. Für die Jungsten stehen Kleinkinderspielgeräte bereit. Hinter dem vielversprechenden Namen „Spielerei" verbergen sich z.B. eine Skater-Anlage, eine Wasserbahn mit Elektrobooten, ein Kinder-Highway für Autoscooter-Fans

Wie im „Jurassic Park“ stapfen Urwaldriesen durch den Dino-Park

und ein kleiner Streichelzoo. Außerdem können Kinder in großen Wasserbottichen über den Spielteich paddeln. Spannendes über Pflanzen und Tiere erfahren Kinder auf dem Heilkräuter- oder Fischereilehrpfad, auf dem Naturlehrpfad durch den Erlenbruchwald oder beim Besuch des Bienenhauses. Führungen und spezielle Ausflugsprogramme für Kindergruppen (z.B. mittelalterliche Stadtführung und Spiele in passenden Kostümen) gibt es auf Wunsch. Die Schiffsmodellbauer stellen gleich nebenan ihre Rennboote und Krabbenkutter aus, und die Fans von Minicars lassen ihre kleinen Elektroautos zum Spaß aller Zuschauer über die Piste flitzen. Wer nach alldem immer noch Energiereserven hat, kann sich bei einer Partie Minigolf, beim Kegeln oder Tischtennis austoben. Grillplätze sind im gesamten Park verteilt. Bei schlechtem Wetter bietet eine Picknickscheune Unterschlupf, und selbstverständlich gibt's Restaurants. Der Park ist ganzjährig zugänglich. Die „Spielerei“ ist von Mai bis Okt ab 11 Uhr bis zum Einbruch der Dunkelheit geöffnet. Eintritt in Park und „Spielerei“ ist frei.

Dinosaurierpark Münchehagen

Alte Zollstr. 5, 31547 Rehburg-Loccum, Tel. 05037-20 73, info@dinopark.de,

www.dinopark.de. Anfahrt: A2 Ri. Hannover, Abf. 33 (Porta Westfalica), dann B482 Ri. Rehburg-Loccum bis Münchehagen.
Bei jedem ihrer Schritte bebte die Erde. Ihre gewaltigen Körper waren gut gepanzert, und ihre scharfen Reißzähne zermalmten alles, was ihnen in die Quere kam. Erst 1987 wurde in Rehburg-Loccum eine große Anzahl von Fußabdrücken der gigantischen Urzeitriesen entdeckt, die hier vor rund 130 Millionen Jahren durch sumpfiges Gelände tapsten. Schnell baute man eine große Glashalle um die Spuren herum und legte einen „Dino-Pfad" mit über 220 originalgroßen Nachbildungen von Dinosauriern an. Das größte Exemplar ist sage und schreibe 45 Meter lang. Die kleinen Forscher lieben es, nach Unterschieden und Gemeinsamkeiten der Riesenechsen zu suchen. Außerdem können sie ein 25 Meter langes Dinoskelett ausbuddeln oder selbst einen Dino in Miniaturformat kneten. Spannend sind außerdem der Dino-Baby-Zoo, die Dino-Tastwand und das Dino-Riesen-Puzzle. Ein großer Spielplatz und ein Café sind ebenfalls vorhanden. Öffnungszeiten: 6. März-31. Okt tägl. 10 bis 18 Uhr. Eintritt: Kinder (4-12 J.) € 8, Erwachsene € 9,50.

Die weißen Löwenbabys sind der ganze Stolz des Safariparks

Fotos: Dinosaurierpark Münchehagen, Hollywood- und Safaripark Stukenbrock

Hollywood- und Safaripark

Mittweg 16, 33758 Schloss Holte-Stukenbrock, Tel. 05207-95 24 25, buero@safaripark.de, www.safaripark-stukenbrock.de. Anfahrt: A33 Ri. Paderborn, Abf. 23 (Stukenbrock/Senne).

Dieser Park mit mehr als 20 Fahrattraktionen ist eine gelungene Kreuzung aus Hightech-Karussellpark und exotischem Tiergehege. Vor einer indischen Tempelanlage rekeln sich weiße Tiger gemütlich in der Sonne. Zusammen mit den seltenen weißen Löwen sind sie die Attraktion des Safarilandes. Giraffen schauen schon mal neugierig zum Fenster herein, wenn die Besucher mit dem Bus oder dem eigenen Auto durch das offene Savannengelände des Tierparks fahren. Lamas, Elefanten, Zebras, Nashörner, Antilopen und auch Gnus leben hier in fast freier Wildbahn. Durch das Affengehege darf man allerdings nur im vergitterten Zug fahren – zum eigenen Schutz. Denn blitzschnell kann hier der mitgebrachte Proviant zur Beute einer kreischenden Pavianhorde werden. Im Hollywoodpark warten jede Menge hochmoderner Karussells, z.B. das Swing-Boat Kontiki, die Wildwasserrutsche, der freie Fall im „Giraffe Tower" und die Achterbahn „Supertornado". Cool für Kids sind das Zirkusprogramm und die Westernshow mit Fuzzy, der irgendwie immer alles falsch versteht. Steaks und Würstchen können mitgebracht

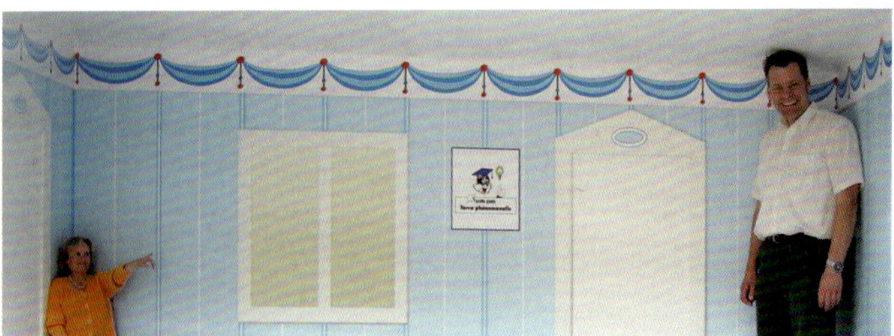

Im Potts Park werden Große wieder ganz klein und Kleine groß

Auf der großen Wellenrutsche im Schieder Erholungszentrum

und am Grillplatz selbst zubereitet werden. Wer sich bequem verpflegen möchte, besucht eines der Restaurants.
Öffnungszeiten: 4. April-25. Okt tägl. 9-18, Juli-Aug 9-19 Uhr. Eintritt Erwachsene: € 23,50, Kinder € 19,50, unter vier Jahren frei. Kinder haben am Geburtstag freien Eintritt.

Potts Park
Bergkirchener Str. 99, 32429 Minden (Dützen), Tel. 0571-510 88, Fax 580 04 21, info@pottspark-minden.de, www.pottspark-minden.de. Anfahrt: A2 Abf. 35 (Bad Eilsen/Minden), B83 u. B65 bis Minden-West.
Sich fühlen wie ein Artist auf dem Hochseilrad oder wie ein Zwerg in der Wohnung eines Riesen: In Potts Park gibt es tausendundeine Möglichkeit, einmal etwas ganz Neues auszuprobieren. In der Schwebe- oder Moorbottichbahn müssen die Kids ganz schön in die Pedale treten, um vorwärtszukommen, und im Velodrom kann man sich das Fernsehbild erstrampeln. Die Wildwasserbahn, die Riesenrutsche und der Freifallturm „JoJo" sorgen von allein für gute Fahrt. Und wenn es regnet, dann lohnt ein Abstecher zur überdachten riesigen Modelleisenbahn, ins Ein-Mann-U-Boot und in die Bauernstuben. Beliebt ist die neue Terra phänomenalis, ein Gelände mit physikalischen Überraschungen wie dem großen Spiegeldom. Trocken bleiben die Besucher in der Riesenwohnung, einer echten Genugtuung für Kinder: Hier kön-

Fotos: Potts Park, Erholungszentrum Schieder Kronenbruch

nen sich die Eltern endlich mal daran erinnern, wie es ist, wenn man mit dem Kinn nur an die Tischkante reicht und ein Buch so schwer wie ein Pflasterstein ist. Öffnungszeiten: April-Sep tägl. 10-18, im Okt 10-17.30 Uhr. Eintritt: Kinder (3-11 J.) € 14,50, darüber € 16,50. Fr (außer Feiertage) ist Familientag mit reduzierten Preisen. Tipp: Im Park sind Kindergeburtstagsgruppen (das Geburtstagskind hat freien Eintritt) herzlich willkommen.

Erholungszentrum Schieder Kronenbruch

32816 Schieder-Schwalenberg (Schieder), Tel. 05282-60 10, info@schieder-schwalenberg.net, www.schieder-schwalenberg.de und www.schiedersee.de. Anfahrt: von Detmold über die B239 bis Schieder.
Der altgediente Krabbenkutter „Moby Dick" ist im Erholungszentrum Schieder zum Entern freigegeben. An Bord lassen sich herrlich wilde Piratenabenteuer bestehen. Kleine Indianer besuchen die Stammessitzung am Häuptlingstipi, und wer gern selbst baut und formt, ist im Wasser- und Matschbereich mit vielen Holzleitungen auf verschiedenen Ebenen genau richtig. In die Spiellandschaft ist ein 1.200 Quadratmeter großer Kindersee integriert, der, wenn's warm genug ist, ein paar Zentimeter tief mit Leitungswasser gefüllt wird. Wackelbrücken und Netze führen übers Nass, und wer reinfällt, kann gleich nebenan im Freibad richtig schwimmen gehen. Das Beste: Alle genannten Vergnügungen kosten nichts und sind das ganze Jahr über zugänglich! Zu den kostenpflichtigen Angeboten in Schieder

Einmal im T-Shirt rodeln – das geht auf der Sommerrodelbahn

gehört der Familienpark Funtastico (Eintritt € 3,50 pro Kind, unter einem Meter frei) mit dem neun Meter hohen Nautic Jet, der Seilbahn, Elektromopeds oder dem Tower mit luftiger Aussicht. Segeln, surfen, rudern und paddeln ist auf dem Emmerstausee auch möglich, und Wandervögel touren auf dem 7,5 Kilometer langen Ufer-Wanderweg rund um den See. Restaurants und Kaffeegärten machen das Freizeitangebot komplett.

Freizeitpark Sommerrodelbahn

Münsterstr. 256, 49479 Ibbenbüren, Tel. 05451-32 26. www.sommerrodelbahn.de.
Zugegeben, die Sommerrodelbahn liegt nicht mehr ganz in Ostwestfalen-Lippe, aber der Park ist so schön, dass er von vielen Familien aus der Region zum Wochenend-Ausflugsziel erkoren wird. Im Laufe der Zeit ist aus der Sommerrodelbahn, die den Kids vom flachen Land bei jedem Wetter die Gelegenheit zu einer hundert Meter langen Rutschpartie gibt, eine riesige Freizeitanlage geworden. Im Märchenwald tummeln sich altbekannte Kinderbuchgestalten wie Aschenputtel und die Bremer Stadtmusikanten, und die Kinder können in der Zwergengrotte erfahren, was unter der Erde geschieht. Hier „leben" viele kleine fleißige Gesellen, die nichts gegen Zuschauer bei der Arbeit haben. Außerdem warten viele Fahrgeschäfte auf die Besucher: Autoscooter, eine Oldtimerbahn und eine geheimnisvolle Reise um die Welt. Öffnungszeiten: April-Okt tägl. 10-18 Uhr. Einen pauschalen Eintrittspreis gibt es nicht, alle Attraktionen werden einzeln bezahlt. Der Märchenwald kostet pro Person € 3,80, die Rodelbahn pro Fahrt € 0,50, die Fahrgeschäfte € 1-2.

Foto: Sommerrodelbahn Ibbenbüren

Grüne Parks

Aawiesenpark

Hermannstraße, 32052 Herford.
Raus aus der städtischen Hektik, rein in die grüne Oase: Der Aawiesenpark ist von der Herforder Innenstadt aus bequem zu Fuß zu erreichen. Der Abenteuerspielplatz, die großen Rasenflächen und die kleinen Bachläufe sind zum Spielen und für Entdeckungstouren sehr gut geeignet. Sogar an einen Unterstand, der vor lästigen Regengüssen schützt, wurde gedacht. In einem kleinen Waldstück können junge Naturforscher den Geheimnissen der Pflanzen und Bäume auf die Spur kommen. Der Park heißt übrigens Aawiesenpark, weil er an der Aa liegt. Am anderen Ufer des Flusses sind lustige, bunte Kunstwerke zu sehen, die zwar vom Park aus nicht zu erreichen sind, aber zu Hause aus dem Gedächtnis prima nachgebastelt oder nachgezeichnet werden können.

Alme- und Lippeauen
Merschweg, 33104 Paderborn (Schloss Neuhaus), Tel. 05254-801 92. Anfahrt: A33 Abf. Schloss Neuhaus.
„Betreten erbeten“, lautet das Motto der Kinderbaustelle. Doch sie ist nicht die einzige Attraktion für kleine Racker in der Paderaue (Zugang Fürstenallee). Ganze Spiellandschaften können erforscht werden, und es stört garantiert niemanden, wenn es laut zugeht. Wer in Richtung Schloss wandert, stößt auf Naturlehrpfade über die Auenflora und -fauna. Vorbei an Wäldern und Wiesen geht’s über die Pader, den kürzesten Fluss Deutschlands, zum Bolzplatz, der an den Schlosspark (→ S. 47) grenzt. Auf der anderen Seite des Schlossparks liegen die Alme- und Lippeauen mit einem Wasserspielplatz zum Matschen und Platschen. Packen Sie lieber vorher Kleidung zum Wechseln ein! Ihre Jüngsten können sich im Riesenseilzirkus vergnügen und Hunger und Durst am „Pavillon in den Hecken“ oder im „Haus der Zünfte“ stillen. Für die Auen links und rechts des Schlossparks gilt: Zutritt frei.

Brackweder Stadtpark
Wiedenbrücker Straße, 33647 Bielefeld.
Welches Kind kennt sie nicht, die Sehnsucht nach einer Spielpause, nachdem man zwei Stunden an Mamas Hand von Geschäft zu Geschäft gehetzt ist? Am Ende der Fußgängerzone „Treppenstraße“ beginnt der Spaß für Kids. Neben Rasenflächen (Betreten erwünscht) und vielen verschiedenen Blumenbeeten (Betreten nicht unbedingt erwünscht) liegt ein großer Spielplatz. Hier können die Jüngsten an der Seilbahn durch die Luft sausen, wie eine Spinne durch ein Netz klettern und Klimmzüge machen. Außerdem laden Hangeltürme, Rutschen und jede Menge Sand zum Spielen und Toben ein.

Lemgoer Stadtwald
Luerdisser Weg, 32657 Lemgo, Tel. 05261-213-316. Anfahrt: von Lemgo B238 Ri. Kalletal.
Ganz versteckt, gleich hinter dem letzten Haus des Luerdisser Weges, geht es rechts ab zur „Faulen Wiese“ oder zum „Verlorenland“. Diese eigenartigen Namen be-

zeichnen Areale des rund um die Uhr kostenlos zugänglichen Lemgoer Stadtwaldes. Wenn sich die kleinen Naturkundler ganz leise verhalten, können sie vielleicht sogar Wildschweine, Eichhörnchen und Kaninchen beobachten. Im Frühling und im Sommer kann man den Tieren bei der Aufzucht ihrer Jugen zuschauen – wenn man ein wenig Geduld hat. Ein Spaziergang um die natürlichen Försterteiche des Stadtwaldes ist zu empfehlen, zum Toben ist hier allerdings wenig Platz. Dafür laden verschiedene Grillhütten, die unentgeltlich unter o.g. Telefonnummer gemietet werden können, zur Open-Air-Mahlzeit ein.

Mohns Park

Goethestraße, 33330 Gütersloh, Tel. 05241-82 20 81 (Verkehrsverein Gütersloh).

„Fußball-Oldies" wie Franz Beckenbauer und „junge Wilde" wie Lars Ricken haben ihr Können an einer Wand wie dieser erprobt: Für Nachwuchskicker ist die Torwand im Mohns Park ein prima Übungsgerät, und wenn nach zwei Stunden die Socken qualmen, ist eine kleine Abkühlung im Kneipp-Wassertretbecken genau das Richtige. Das sportive Angebot wird durch einen Basketballplatz und die Skateranlage abgerundet. Auf beiden tummeln sich vor allem größere Kids. Auch die Kleinen kommen hier auf ihre Kosten – ohne einen Pfennig zu bezahlen! Der Abenteuerspielplatz wartet mit Klettergerüsten, Seilbahn und Riesenrutsche auf, und der groß angelegte Wasserspielplatz mit Handpumpen und Bachläufen lässt keine Langeweile aufkommen. Denksportspezialisten bietet der Park Steinfelder für Riesenschach, Mühle und Halma. In den Sommerferien gibt's an den Wochenenden auf der Freilichtbühne mit 1.100 Plätzen kostenlose Konzerte für Jung und Alt. Der Park ist das ganze Jahr über frei zugänglich.

Schildescher Obersee – Johannisbachtalsperre

Talbrückenstraße, 33611 Bielefeld (Schildesche).

Das Naherholungsgebiet Obersee ist in Bielefeld überaus beliebt. 85 Hektar groß ist das Gelände, und ein Viertel der Fläche belegt allein der aufgestaute Johannisbach. An manchen Stellen wurden flache Ufer und Sümpfe angelegt, um brütenden Vögeln den nötigen Schutz zu geben. Die Wanderwege führen in gebührendem Abstand um diese Zonen herum. Kinder haben auf dem Spielplatz mit extrabreiter Rutsche, Seilbahn und Klettergerüst ausreichend Gelegenheit zum Spielen und Toben. Einige Picknickplätze bieten eine schöne Sicht auf das Wasser und viel Platz für die Mahlzeit auf der Wiese. Wer keine Lust hat, den Picknickkorb zu schleppen, kann gleich nebenan im „Seekrug" Platz nehmen. In Café und Biergarten muss kein Kind still auf seinem Platz sitzen: Ein ausgedientes Boot steht zum Entern bereit.

TIERE

Adlerwarte

Adlerwarte Berlebeck
Adlerweg 13-15, 32760 Detmold (Berlebeck), Tel. 05231-471 71, info@adlerwarte-berlebeck.de, www.adlerwarte-berlebeck.de. Anfahrt: von Detmold Ri. Schlangen/B1.
Frei fliegende Geier mit einer Flügelspannweite von fast drei Metern kreisen über den Baumspitzen. Wir sind nicht in der Wüste – keine Verdursteten als Futter für die Aasfresser in Sicht. Diese Geier bekommen ihre Mahlzeiten von

Stolzer König der Lüfte in der Adlerwarte Berlebeck

der größten Greifvogelwarte Deutschlands. Und die liegt mitten im Teutoburger Wald. Zum Glück sind die Raubvögel, die mehrmals täglich Freiflugvorführungen machen, nur auf den Falkner fixiert. Denn messerscharfe Schnäbel und die eindringlichen, fast hypnotischen Blicke eines Adlers jagen den Besuchern nicht nur im ersten Moment Schauer über den Rücken. Der Sturzflug eines Falken aus tausend Meter Höhe auf das Federspiel ist ein beeindruckendes Schauspiel. Rund 80 weitere Vögel in Großvolieren können aus sicherer Entfernung bestaunt werden, darunter Adler aus aller Welt. Achtung: Die Adlerwarte ist nur über Treppenstufen und deshalb mit dem Kinderwagen sehr unbequem zu erreichen. Öffnungszeiten: 16. Feb-15. Nov tägl. 9.30-17.30 Uhr. Freiflugprogramm jeweils um 11 u. 15 Uhr, Mai-15. Sep zusätzlich um 16.30 Uhr. Eintritt: Kinder (5-16 J.) € 2,50, Erwachsene € 5.

Bauernhof & Farm

Böggenhof Tietelsen

Prüssenstr. 11, 37688 Beverungen, Tel. 05645-352. Anfahrt: B64 von Paderborn Ri. Höxter, in Brakel rechts über Erkeln nach Tietelsen.
Echte Landluft schnuppern? Mit dem Hahn um die Wette krähen? Die Ponys und Ziegen streicheln oder auf einem großen Spielplatz toben? Auf dem Böggenhof im

Foto: Adlerwarte Berlebeck

Kreis Höxter kann sich die ganze Familie vergnügen. Rustikale Speisen, z.B. Eisbein oder Haxen, sollten im Bauernhofcafé vorbestellt werden (Tel. s. oben). Bei dieser Gelegenheit kann man gleich nach den Planwagenfahrten fragen, die sich toll für einen Kindergeburtstag eignen (ab ca. € 60 bei zehn Kindern). Bei schlechtem Wetter werden die Kids mit Bastelaktionen bei Laune gehalten, oder sie trainieren auf der Kegelbahn ihre Muskeln. Wer sich nicht trennen mag, kann die Nacht im Heu verbringen. Mit einem zünftigen Frühstück kostet die Übernachtung für Kinder (bis 12 J.) € 7, Erwachsene zahlen € 13.

Helfgerds Heidelandhof

Holzheide 4, 33449 Langenberg, Tel. 05248-60 92 39, helfgerd@t-online.de. Anfahrt: A2 Abf. 23 (Rheda-Wiedenbrück), B55 Ri. Lippstadt, in Langenberg links.
Der Heidelandhof ist ein Vollerwerbshof, d.h. die Familie lebt ausschließlich von der Landwirtschaft. Das wird immer seltener, weil es sich finanziell kaum noch lohnt, Kühe oder Schweine zu hal-

Auf dem Ponyhof können Kinder sich wie echte Cowboys fühlen

ten und die Felder zu bestellen. Der Blick in die Ställe ist inzwischen behördlicherseits verboten, doch auf der Wiese können Kinder Ziegen und anderes Kleingetier aus nächster Nähe begucken und streicheln. Außerdem gibt es Kettcars, Tischtennis und einen kleinen Spielplatz. Und am Wochenende kann die Familie im Stroh übernachten (Kinder € 11, Erwachsene € 13,50 inkl. Frühstück). Kindergeburtstage auf dem Hof sind besonders zu empfehlen. Eine Schatzsuche und verschiedene Spiele stehen auf dem Programm. Wer danach Stockbrot essen möchte, muss Holz für das Lagerfeuer aus dem Wald holen. Solch ein Naturerlebnis-Geburtstag kostet für zehn Kinder € 99.

Spiekerhof
Wichlinghausen 11, 33829 Borgholzhausen, Tel. 05425-71 34, spiekerhof-reiterhof@t-online.de. Anfahrt: von Bielefeld über Werther-Borgholzhausen.
Auf dem Spiekerhof brauchen kleine Pferdenarren sich nicht mit Zugucken zu trösten, hier können sie selbst reiten. Zunächst geführt von Mama oder Papa oder – sofern sattelfest – allein in der näheren

Umgebung. Wer noch Respekt vor den großen Vierbeinern hat, streichelt Hund, Ziege, Pony oder Katze. Für den ersten Besuch bietet sich das Wochenende an, wenn das Bauernhofcafé geöffnet und viel Zeit zum Schauen und Staunen ist. Eine Stunde Reiten auf einem Pferd mit erfahrenem Begleiter kostet werktags € 12, am Wochenende € 14, auf einem Shetlandpony € 7/9. Kutschfahrten (4-30 Personen € 56-175) müssen telefonisch angemeldet werden. Willkommen sind Geburtstags- oder Kindergartengruppen, die ein paar schöne Stunden auf dem Land verbringen wollen. Auch Übernachtungen sind möglich.

Ponyhof & Streichelzoo

Ponyhof Kochtokrax
Kraxweg 46, 33415 Verl, Tel. 05246- 93 14 88. Anfahrt: A2 Abfahrt Gütersloh/Verl, Richtung Verl, Eiserstraße rechts, Ausschilderung rechts folgen.
Ponys von klein bis mittelgroß werden auf dem Ponyhof Kochtokrax geführt, der Nachwuchs darf aufsteigen und erste Reiterfahrungen sammeln (ca. 15 Minuten € 2,50, Eltern führen). Danach können Sie unter den alten Hofbäumen vor der „Deele" Kaffee, Eis, Waffeln oder Bier genießen. Auf der Streichelwiese und manchmal zwischen den Café-Gästen tummeln sich Zwergziegen und Schafe, eine Mini-Kuh, ein Dromedar, ein Esel, Alpakas, Kaninchen, Meerschweinchen, Hühner, Gänse und Enten. Der Hit für die Kleinsten sind die Dreiräder, Spieltrecker und anderen Mini-Fahrzeuge, die kostenlos benutzt werden dürfen. Ein Spielplatz ist vorhanden und für € 1 darf man mit der Bimmelbahn fahren. Geöffnet: Mitte März-Anfang Nov Mo-Sa 15-18, So 13-18 Uhr.

Foto: Rubberball

Tierparks

Naturtierpark Ströhen
Tierparkstr. 43, 49419 Ströhen (Wagenfeld), Tel. 05774-505, info@ismer-stud.com, www.tierpark-stroehn.de. Anfahrt: von Minden Ri. Wagenfeld/Diepholz.
Sind die Zimmerwände Ihrer Tochter restlos mit Pferdepostern tapeziert? Dann wird es höchste Zeit für einen Abstecher ins Gestüt des Naturtierparks, denn hier sind 250 arabische Vollblüter zu bewundern. Während die Mädels am Weidezaun ihren Träumen nachhängen, können die kleinen Geschwister in den Streichelzoo mit allerlei Kleinvieh gehen. In Ströhen gibt es außerdem eine „exotische Abteilung" mit Tigern und Zebras. Sensible Gemüter wenden sich den putzigen Waschbären, den Zwergflusspferden oder den Kängurus im Kleinformat zu. Den Lieblingstieren aller Kinder, den drei afrikanischen Elefanten, kann man beim Spazier-

gang mit ihrem Pfleger über den Weg laufen, man kann sie zum Baden begleiten und sogar auf ihnen reiten. Tipp: In der Saison von März bis Oktober ist eigentlich ein Besuch in der sehr unterhaltsamen Tierschule Pflicht (Vorführungen täglich um 11 u. 15 Uhr). Öffnungszeiten: tägl. 9-19 Uhr, im Herbst und Winter bis Einbruch der Dunkelheit. Eintritt: Kinder (3-15 J.) € 6, Erwachsene € 10, Schulklassen € 4 pro Kind.

Tierpark Herford

Stadtholzstr. 234, 32049 Herford, Tel. 05221-812 84, info@tierpark-herford.de, www.tierpark-herford.de. Auf seine Mini-Shetlandponys ist der Herforder Tierpark besonders stolz, denn die niedlichen Pferdchen, die nicht größer als ein Schäferhund sind, werden hier gezüchtet. Ungewöhnlich sind die Meerschweinchenlaube mit angrenzendem Freigehege und das skurril dekorierte Mäusehaus. Durchlöcherte Stiefel und eine alte Jeans dienen als Spielplatz für die kleinen Nager. Im Park leben auch größere Tiere, z.B. Alpakas, Esel, Flamingos und Vierhornschafe. Wenn die Kids im Streichelzoo das ganze Futter (ungezuckertes Popcorn wird angeboten) an die nimmersatten Ziegen losgeworden sind, kommt ein Besuch im Affenhaus ganz gelegen. Grüne Meerkatzen und Pinselohräffchen vergnügen sich am Kletterturm. Für kleine Besucher eignet sich das Elefantengerüst auf dem Spielplatz zum Klettern ganz hervorragend. Hungrig? Gleich nebenan liegt das Tierparkcafé. Großes Plus: Hier wird nur selbst gebackener Kuchen serviert. Es gibt auch Angebote für Kindergeburts-

Eine rosa Flamingogruppe im Tierpark Herford

tage. Der Park verfügt über Kinder- und Behindertentoiletten und einen Wickelraum.
Geöffnet: 27. Feb-10. Nov tägl. 10-18 Uhr. Eintritt: Kinder (bis 14 J.) € 2, Erwachsene € 5.

Tierpark Nadermann
Grafhörsterweg 5, 33129 Delbrück (Schöning), Tel. 05244-51 63, info@tierpark-nadermann.de, www.tierpark.nadermann.de. Anfahrt: A33 Abf. 25 (Delbrück), B64 Ri. Rheda-Wiedenbrück.
Möchte Ihr Nachwuchs auf einem Kamel reiten? Oder einem Chamäleon den schuppigen Rücken kraulen? Im Tierpark Nadermann leben über 600 Tiere aus fünf Kontinenten. Hinter jeder Ecke des weitläufigen Geländes entdeckt kind ein neues Gehege, u.a. mit Braunbären, Leoparden oder Geparden, Waschbären, einer Stachelschweinfamilie, Löwen, Tigern und verschiedenen Affenarten. Der Park ist ein reines Familienunternehmen und verdankt seine Entstehung einer ganz besonderen Geschichte. Der Gründer Bernhard Nadermann hat seine Kriegsgefangenschaft in Sibirien nur überlebt, weil er sich getraut hat, die Tiger und Wölfe eines russischen Generals zu betreuen. Als er nach Hause kam, wusste er, was er wollte – einen ganzen Park voller Tiere. Und der wird immer größer: Im hübschen Restaurant lockt jeden Sonntag ein Frühstücksbuffet (unbedingt Tisch reservieren), außerdem kann man

Foto: Tierpark Herford

hier Geburtstagsfeiern mit kleinen Geschenken, einer geschmückten Tafel (und manchmal tierischen Überraschungsgästen) feiern. Auf dem Abenteuerspielplatz ist richtig was los, allerdings muss für einige größere Karussells und die Spielautomaten extra bezahlt werden. Öffnungszeiten: März-Nov tägl. 9.30-19 Uhr. Eintrittspreise: Kinder € 3, Erwachsene € 5.

Vogelparks

Vogel- und Blumenpark
Ostertalstr. 1, 32760 Detmold (Heiligenkirchen), Tel. 05231-474 39, info@vogelpark-heiligenkirchen.de, www.vogelpark-heiligenkirchen.de. Anfahrt: von Detmold B239 Ri. Heiligenkirchen.
Der Nationalvogel Australiens heißt Kookaburra und sieht auf den ersten Blick nicht wirklich ungewöhnlich aus. Doch wenn er seinen Schnabel öffnet und sein lautes „Hihihahahoho" hören lässt, versteht jedes kleine Kind gleich, warum er „Lachender Hans" genannt wird. Tukane, Kakadus, Papageien und echte Turteltauben

Ein zutraulicher Papagei im Vogelpark Heiligenkirchen

gurren, krächzen und singen im Vogelpark Heiligenkirchen. Manche der 2.000 Vögel können sogar richtig sprechen. Neben einem der zahlreichen Spielplätze stehen Schaukästen, in denen kleine Beobachter live miterleben können, wie kleine Küken aus den Eiern schlüpfen und wie Papageienkinder gefüttert werden. Wenn sie groß geworden sind, werden sie wie die anderen Papageien auf den Ästen sitzen und sich vielleicht sogar streicheln lassen. Auch Geburtstagskinder sind im Park richtig: Nach Absprache kann eine Gruppe kleiner Ornithologen den Nachmittag in der Obhut einer Biologin bei einer Parkrallye verbringen. Thematische Führungen müssen angemeldet werden, genauso wie spezielle Blinden- und Behindertenführungen.
Öffnungszeiten: 13. März-Nov tägl. 9-18 Uhr. Eintritt: Kinder (ab 3 J.) € 4, Erwachsene € 6.

Wildparks & -gehege

Kurpark Bad Wünnenberg
Im Aatal, 33181 Bad Wünnenberg. Anfahrt: von Paderborn A33 bis hinter Kreuz Bad Wünnenberg-Haaren.
Gleich mehrere großzügig angelegte Tiergehege laden Familien

mit Kindern zu einem kostenlosen Besuch in den Kurpark Bad Wünnenberg ein. Gleich hinter dem wunderschönen Paddelteich (→ S. 79) beginnt das Wildgehege, das von Sonnenaufgang bis -untergang geöffnet hat. Das Rot- und Damwild hat sich schon lange an Besucher gewöhnt. Ganz zutraulich und neugierig stecken die Tiere ihre Schnuten durch den Zaun. Im nächsten Gehege können Stadtkinder die weichen Nasen der kleinen Ponys streicheln oder abwarten und beobachten, ob ein Lama spuckt. Bestaunt werden können außerdem die riesigen Auerochsen. Bei dem Anblick dieser gewaltigen Urviecher fallen einem unwillkürlich Bilder von jagenden Neandertalern ein. Behäbig setzen sie sich in Gang – oder stehen stundenlang auf einem Fleck.

Tierpark Olderdissen
Dornberger Str. 149a, 33619 Bielefeld, Tel. 0521-51 29 56, umweltbetrieb@bielefeld.de, www.bielefeld.de/de/un/tpo.
Welches Kind weiß heutzutage noch, wie ein Murmeltier oder ein Graureiher aussieht? Noch vor ein paar Hundert Jahren liefen jede Menge wilder Tiere durch die europäischen Wälder. Knapp hundert dieser heimischen, oft vom Aussterben bedrohten Tierarten werden im Tierpark Olderdissen gehegt und gepflegt, z.B. die Urrinder oder die großen Wisente, die gleich am Eingang des ganzjährig geöffneten Tierparks ihr geräumiges Zuhause haben. Ein paar Schritte weiter sind große Volieren mit Vögeln aufgestellt, die es oft nur noch im Biologiebuch zu sehen gibt. Ein Riesenspaß für Kids ist es, die vielen verschiedenen Vogelstimmen nachzuahmen. Neugierige Fragen sind den Tierpflegern immer willkommen, schließlich liegt ihnen viel daran, großen und kleinen Besuchern die heimische Tierwelt näher zu bringen. Einmal im Monat sonntags

Rehe im Gehege im Kurpark

Fotos: Vogelpark Heiligenkirchen, Staatsbad Salzuflen

von 10 bis 11 Uhr gibt es die sogenannte Sonntagsschule. Schulkinder bis etwa zwölf Jahre können hier Tiere und Pflanzen hautnah erleben und die heimische Natur verstehen lernen. Jede Sonntagsschule findet zu einem bestimmten monatlich wechselnden Thema statt. Nach einer kleinen Verschnaufpause im gemütlichen Tierparkcafé ist fürs Schaukeln und Rutschen auf dem neuen Spielplatz sicher noch Zeit. Eintritt frei.

Wildgehege am Kurpark
Extersche Straße, 32108 Bad Salzuflen, Tel. 05222-18 30.
Die schwarzen Federn des chinesischen Ohrfasans glänzen in der Sonne. Nicht nur die Kinder fragen sich, warum er mit seinem roten Kopf so aufgeregt herumstolziert. Weniger geheimnisvoll sind dagegen die Zwerghühner und Ziertauben in den Volieren nebenan oder die Gold- und Königsfasane und die lustigen Lachtauben und bunten Nymphensittiche ein paar Stufen höher. Im Bad Salzufler Wildgehege, das im kostenlosen Teil des Kurparks liegt, gibt es jedoch nicht nur jede Menge Federvieh zu bestaunen. Aufmerksame kleine Späher können Rehe und Hirsche beim Äsen oder Mufflons und Ponys beim Graszupfen beobachten. Tipp: Wer wirklich ganz genau hinsehen möchte, sollte ein Fernglas mitnehmen. Kletterfans finden im Wildpark große Rasenflächen mit kleinen Bergen aus Findlingen, die zum Kraxeln einladen. Umschlossen wird das ganzjährig geöffnete Gelände von einem hohen Tannenwald.

NATUR & ERLEBNIS

Botanische Gärten

Alter Friedhof – Botanischer Garten Minden
Königsglacis, 32427 Minden, Tel. 0571-891-0 (Stadtverwaltung).
Ginkgobäume? Sind das nicht die Bäume mit den zweigeteilten Blättern? Ganz genau! 17 Ginkgoarten gab es in grauer Vorzeit, doch 16 davon sind schon vor rund 55 Millionen Jahren ausgestorben. Übrig geblieben ist nur noch der Ginkgo Bilbao, der ursprünglich aus Asien kommt und dessen Blätter heute für die Herstellung verschiedener Arzneien verwendet werden. Viele dieser „Urbäume“ sind auf dem „Alten Friedhof“ in Minden zu sehen. Vor fast 200 Jahren wurden sie gepflanzt, und seitdem hat sich der Park mit Baumalleen, Skulpturen und geschmückten Grabmalen zu einem botanischen Garten entwickelt. Auf leisen Sohlen sind etliche Entdeckungen zu machen: Eichhörnchen flitzen von Baum zu Baum, und Sumpfmeisen und Bunt-

spechte brüten ihre Eier aus. Der Botanische Garten ist das ganze Jahr tagsüber frei zugänglich.

Botanischer Garten Bielefeld

Am Kahlenberg 16, 33617 Bielefeld, Tel. 0521-51 31 78.
Schon mal einen Taschentuchbaum gesehen? Nein? Dann sollten Sie zum Seerosenbecken im Botanischen Garten Bielefeld schlendern, denn dort steht eines dieser ausgefallenen Gewächse. Einen Baumwürger haben Ihre Kinder bestimmt noch nicht gesehen. Die Schlingpflanze scheint ihrem Namen alle Ehre zu machen, wenn sie sich um einen Baum wickelt (bei den Rhododendren und Wildstauden). Der Rundwanderweg durch den Garten führt vorbei an Staudenbeeten mit Riesenrhabarber, einem Steingarten mit Gebirgspflanzen, Rosenbeeten und der Blumenzwiebelwiese. Zum Arznei- und Gewürzgarten geht es immer der Nase nach. Zum Gruseln finden viele die fleischfressenden Pflanzen, die zwischen den Seerosenteichen gedeihen und die eine oder andere Fliege „verspeisen“. Beliebt bei allen Kindern: die Fische im Teich. Auf dem Rückweg kann man noch einen Bienenstock besichtigen oder die Kakteensammlung im Schauhaus bewundern, zu der „lebende Steine“ gehören. Das Gelände ist das ganze Jahr tagsüber frei zugänglich.

Botanischer Garten Gütersloh

Parkstraße, 33332 Gütersloh, Tel. 05241-82 24 25 (Grünflächenamt Gütersloh).
Am Rande des Stadtparks in Gütersloh liegt der Botanische Garten, in dem kleine Pflanzenkundler das ganze Jahr über ihren Spaß haben können. Eine der beliebtesten Übungen bei Erst- oder Zweitklässlern ist, die lateinischen Namen auf den Schildern an den Beeten zu entziffern. Auch die Großen haben Schwierigkeiten damit – sie geben es nur nicht immer zu. Oder können Sie etwa auf Anhieb „Scabiosa caucasica“ oder „Kniphofia galpinij“ sagen? Springbrunnen und Heckentunnel mit Fenstern (prima zum Versteckspielen) geben dem Botanischen Garten eine märchenhafte Atmosphäre. Kürzlich wurde er umgestaltet, und zwar nach Plänen aus der Jahrhundertwende. Jetzt gibt es z.B. einen Apothekergarten und einen mediterranen Garten nahe der Vogelvoliere, die im Sommer Jung und Alt in ihren Bann zieht, und einen Lehrbie-

nenstand. Bänke und Pavillons laden zum Pausieren ein. Im Stadtpark gleich nebenan dürfen Kinder auf großen Wiesen und einem Spielplatz toben, und auf dem Teich kann man Enten, Gänse und Modellboote bewundern. Der Eintritt ist frei.

Biologische Station

Biologische Station Lippe
Domäne 2, 32816 Schieder-Schwalenberg, Tel. 05282-462, biologischestationlippe@schieder-schwalenberg.de, www.biologische stationlippe.de.
Anfahrt: von Detmold B239 bis Schieder. Neben dem Schloss.
Für Gruppen von acht bis 25 Kindern hat die Biologische Station Lippe in Schieder ein abwechslungsreiches und kindgerechtes Programm parat. Geboten werden nach vorheriger Anmeldung Naturerfahrungsspiele und Aktionen zu den Themen Wasser oder Wildtier. Die Station initiiert das ganze Jahr über Naturaktionen und

Bei der Honigernte im Bienenhaus der Biologischen Station Lippe

Rundgänge, denen sich interessierte Familien mit Kindern anschließen können. Verzeichnet sind diese Angebote in einem Programmheft, dem Sie auch die Termine von Ausstellungen entnehmen können. Zudem vermittelt die Biostation Patenschaften für Skuddenschafbabys. Für € 30 pro Jahr kann kind „seinem" Schaf einen Namen geben, zum Streicheln vorbeischauen und zusehen, wie das Patenkind immer größer und kräftiger wird. Einmal im Jahr, am „Lammtag" im März, wird ein großes Fest gefeiert. Öffnungszeiten: Mo-Fr 9-12, 13-16 Uhr. Die Preise für die Kurse variieren zwischen € 2 und € 12.

Erfahrungsweg der Sinne

Musterdorf Bellersen
Meinolfusstr. 17a, 33034 Brakel (Bellersen), Tel. 05276-72 02. Anfahrt: von Paderborn B64 Ri. Höxter.
Den festen Boden unter den Füßen ganz bewusst spüren oder bei langsamen Pendelbewegungen innere Ruhe finden: Auf dem „Erfahrungsweg zur Entfaltung der Sinne" im Musterdorf Bellersen gibt es vielfältige Möglichkeiten, die menschlichen Sinne auf spielerische Weise zu schärfen. Auf Balancierscheiben wird das Gleichgewichtsgefühl getestet, und im „Summloch" geht es um Akustik. Die Gäste stecken den Kopf hinein, summen einen bestimmten Ton und spüren ganz deutlich die Schallwellen. Auf Experimentierfreudige warten zudem Kaleidoskope, Schwingbohlen oder Rieseltafeln. Außerdem können Tierfreunde im Musterdorf alte Pferde-, Rinder- und Schweinerassen besuchen. Wer möchte, unternimmt eine Kutschfahrt. Öffnungszeiten: Mo, Mi, Fr 15-17.15 Uhr u. nach Anmeldung. Eintritt frei.

Foto: Biologische Station Lippe

Freilichtbühnen

Freilichtbühne Bellenberg
Zur Freilichtbühne, 32805 Horn-Bad Meinberg (Bellenberg), Tel. 05234-15 20 u. -26 75, www.freilichtbuehne-bellenberg.de. Anfahrt: von Detmold B239 Ri. Bad Meinberg, danach B1.
Das Vogelgezwitscher kommt nicht vom Band: Natur- und Heimatbühne nennen die Bellenberger ihr Theater im Wald zu Recht. 80 Amateurschauspieler bringen jedes Jahr neben zwei Volksstücken für Erwachsene auch ein Kinder- und Jugendstück auf die Bühne. „Ronja Räubertochter" oder „Arielle, die kleine Meerjungfrau" lassen Kinder an den Wochenenden mitfiebern. Für rund tausend Besucher gibt es Plätze, von denen man ausnahmslos gut sehen und hören kann. Die Bänke sind wie in einem Amphitheater angeordnet, die Akustik ist dadurch vorzüglich. Karten gibt's nur vor der Aufführung an der

Kasse. Die Spielzeit startet immer am Pfingstsonntag und endet Anfang September. Eintritt: Kinder (4-14 J.) € 5, Erwachsene € 7.

Freilichtbühne Bökendorf

33034 Brakel (Bökendorf), Tel. 05276-80 43, kontakt@freilichtbuehne-boekendorf.de, www.freilichtbuehne-boekendorf.de. Anfahrt: von Paderborn B64 Ri. Höxter, in Brakel Ri. Bökendorf.

Schon Monate vor der ersten Aufführung der Saison heißt es bei den meisten Familien im Dorf Brakel nur: „Ich hab' keine Zeit, ich muss üben." Und die Brakeler Schauspieler nehmen ihre Proben ernst. Sie trauen sich sogar Musicals zu – für ein Amateurtheater ein recht gewagtes Unterfangen. Für Kinder hat die Bühne im Kreis Höxter alljährlich ein neues Stück im Programm. Ob „Peter Pan" oder „Les Misérables", selbst für die Herstellung der Kulissen und der Kostüme lassen sich die Bökendorfer immer etwas Tolles einfallen. Die Geschichten sind durchweg witzig und spannend inszeniert. Wichtig: Einen Regenguss kann man hier gut überstehen, denn viele Zuschauerplätze sind überdacht. Eintritt: Kinder € 5-7, Erwachsene € 7-11.

Freilichtbühne Nettelstedt

Im Eichensiek, 32312 Lübbecke (Nettelstedt), Tel. 05741-37 01 93, info@freilichtbuehne-nettelstedt.de, www.freilichtbuehne-nettelstedt.de. Anfahrt: B65 zwischen Minden und Lübbecke.

Nur ein paar Kilometer vom Naturschutzgebiet „Großes Torfmoor" entfernt gelegen, bietet die Freilichtbühne Nettelstedt jeden Sonntagnachmittag im Sommer ein Kindertheaterstück. Seit 75 Jahren stehen die Nettelstedter auf den Bühnenbrettern bzw. auf dem Waldboden. Mit Leib und Seele spielen die Akteure ihre Rolle, und bei Geschichten von Aladin oder Ronja Räubertochter springt der Funke ganz bestimmt aufs Publikum über. Die „Großen" haben ebenfalls ihren Spaß an den Kinderstücken; so mancher kommt auf den Geschmack und lässt sich Plätze für das Erwachsenenschauspiel am Samstagabend reservieren. Auf Wunsch sogar ganz wetterunabhängig – ein Teil des Zuschauerraumes ist überdacht.
In der Saison von Juni bis August ist auf der Freilichtbühne sonntags um 16 Uhr Vorstellung. Eintritt: Kinder € 4, Erwachsene € 7-8.

Goethe-Freilichtbühne Porta

Unter den Tannen, 32457 Porta Westfalica, Tel. 0571-713 68, info@portabuehne.de, www.portabuehne.de. Anfahrt: von Minden B61 Ri. Bad Oeynhausen.

Im hellen Sonnenschein wirkt es viel echter, wenn Pippi Langstrumpf die Seeräuber Messerjo-

cke und Blutsvente in die Flucht schlägt. Auch die Abenteuer von Pinocchio oder dem kleinen dicken Ritter auf einer Freilichtbühne zu erleben macht gleich doppelt so viel Spaß. Selbst anspruchs- volle Stücke wie Shakespeares Sommernachtstraum im Abendprogramm wirken großartig.
65 große und kleine Amateure spielen für Erwachsene und Kinder unter freiem Himmel. Von „Was ihr wollt" bis „Momo" reicht das alljährlich wechselnde Programm, das für alle Generationen etwas bietet. Seit 70 Jahren wird „Unter den Tannen" Laientheater gespielt. Alles wird in Eigenregie produziert: Sogar die Kostüme und Kulissen werden von den Aktiven bis heute selbst gemacht. Die Preise liegen zwischen € 8 und € 12.

Schlossfest

Schlosssommer
Marstallstr. 10, 33104 Paderborn (Schloss Neuhaus), Tel. 05254-801 12, www.paderborn.de.

Foto: Freilichtbühne Porta

Kleine Prinzessinnen und Prinzen auf der Freilichtbühne Porta

Von Mai bis Oktober tobt sonn- und feiertags auf dem Gelände der ehemaligen Landesgartenschau der Bär. Oft finden drei oder vier Veranstaltungen auf einmal statt und locken in den barocken Park und das Schloss Neuhaus. Vom Spielfest über den Mitmachzirkus für Kinder bis hin zu Konzerten und Puppentheater für die Kleinsten reicht das weit gefächerte Angebot. Das Programmheft ist unter oben genannter Adresse zu bekommen und sollte genau studiert werden: Es lohnt sich! Die 1957 gegründete Freilichtbühne Schloss Neuhaus gehört zum Schlosspark. Heute finden die Aufführungen nicht mehr im Schlosshof, sondern auf einer Naturbühne statt, zu der der ehemalige Schießplatz im Wald ausgebaut wurde. Hier werden mit Vorliebe Kinderstücke aufgeführt. Das Theater sagt von sich selbst, dass keine Vorstellung wie die andere ist, da von außen bei jeder Vorstellung andere Eindrücke auf den Zuschauer einwirken – sei es durch Witterung, Geräusche oder Gerüche. Die meisten Veranstaltungen des Schlosssommers sind kostenlos, Ausnahmen entnehmen Sie bitte dem Programm.

Leben wie die Vorfahren im Freilichtmuseum Oerlinghausen

Freilichtmuseen

Archäologisches Freilichtmuseum Oerlinghausen
Am Barkhauser Berg 2-6, 33813 Oerlinghausen, Tel. 05202-22 20, archaeoerl@t-online.de, www.afm-oerlinghausen.de. Anfahrt: Oerlinghausen, Nähe Freibad.
Eine Rallye durch ein Steinzeitdorf? Na klar, warum denn nicht? In Oerlinghausen entdecken Kinder und Erwachsene, was es heißt, keinen Strom und kein Auto zu haben und keine Kleider kaufen zu können. Nach vorheriger Anmeldung geht im Freilichtmuseum für Vor- und Frühgeschichte fast alles. Möchten Sie mit Ihren Kindern einen Braten in einer Erdgrube rösten und diesen anschließend wie unsere Vorfahren mit den Händen verzehren? Oder interessiert es Sie mehr, wie Rentierjäger vor 13.000 Jahren gehaust haben? In Oerlinghausen werden sogar Tiere in ihre Urform zurückgezüchtet. Schweine haben keine zusätzliche Rippe für das Extrakotelett, und Ziegen erfüllen keine menschlichen Sonderwünsche. Ein breites Seminarangebot gibt's dazu: Geschichtsfans melden sich zum Filzen, Korbflechten oder Töpfern an. Weitere Highlights sind z.B. die „Internationale Deutsche prähistorische Meisterschaft im Bogenschießen und Speerschleudern" oder das Wikinger-Wochenende, auf dem über hundert Darsteller demonstrieren, wie es im frühen Mittelalter zuging. Öffnungszeiten: April-Okt tägl. 9-18 Uhr. Eintritt: Kinder ca. € 3, Erwachsene € 3,50, Extragebühren für Aktionen und Seminare. Es gibt spezielle Angebote für Kindergeburtstage, dazu Programme für Kindergärten und Schulen.

Westfälisches Freilichtmuseum Detmold
Krummes Haus, 32760 Detmold, Tel. 05231-706-0, freilichtmuseum-detmold@lwl.org, www.freilichtmuseum-detmold.de.
Wissbegierige Kids werden von der aufgeweckten Comicfigur Heribert Hobel durch das Freilichtmuseum Detmold begleitet. Der gezeichnete Zimmermann ziert einen Fragenkatalog, der an der Information zu kaufen ist und speziell für Kinder konzipiert wurde. Wer keine Lust zum Lernen hat und sich lieber mit seinen Eltern in der Pferdekutsche über das hundert Hektar große Gelände schaukeln lässt, wird seinen Spaß haben. Im Inneren der hundert Häuser gehen spannende Dinge vor sich. Handwerker demonstrieren, wie Menschen jahrhundertelang ihr Geld verdienten, sei es mit Spinnen, Weben, Backen, Schmieden oder Mahlen. Auf dem Gelände finden ständig Sonderausstellungen statt, die im Jahresprogramm vermerkt sind. Die restaurierten Höfe sind von alten Bauerngärten umgeben, die man an einem Sommertag richtig genießen kann. Während der kalten Jahreszeit werden Winterspaziergänge angeboten.

Foto: Freilichtmuseum Oerlinghausen

Im Freilichtmuseum Detmold können 100 Häuser entdeckt werden

Öffnungszeiten: April-Okt Di-So 9-18 Uhr. Eintritt: Kinder (6-17 J.) € 2, Erwachsene € 5.

Museumszüge

Dampf-Kleinbahn Mühlenstroth

Postdamm 166, 33334 Gütersloh, Tel. 05241-684 66, www.dampfklein bahn.de. Anfahrt: A2 Abf. 23 (Rheda-Wiedenbrück), B61 Gütersloh/Bielefeld.

Dampf-Kleinbahnen fahren auf nur 60 Zentimeter breiten Feldbahngleisen. Sie haben früher die Verbindung zwischen kleineren Dörfern hergestellt oder ihre Dienste auf Industriegeländen geleistet. Heute kann man in den „Kleinen“ zum Vergnügen herumkutschieren. In den offenen Aussichtswagen weht den Passagieren der Dampf ordentlich um die Nase. Eine Fahrt beginnt im Kleinbahn-Bahnhof, in dem auch der Lokschuppen und die Werkstatt untergebracht sind. Die Fans der Bimmelbahnen reparieren und restaurieren in jeder freien Minute die guten Stücke. Fünfzehn Dampf- und Diesellokomotiven mit so malerischen Namen wie Wilhelmine, Hammonia oder Valerie sind inzwischen zu bestaunen, das älteste Modell stammt aus dem Jahre 1897. Der Höhepunkt der Tour ist für Kinder die Ausweichstelle „Rödelheim“, denn dort muss erst der Gegenzug passieren – natürlich mit entsprechendem Pfeifkonzert. Weiter geht’s zum Bahnhof „Postdamm“

mit Spielplatz und Kaffeegarten. Betriebstage: Mai/Juni jeden Sonntag, Juli/August jeden ersten und dritten Sonntag, jeweils von 10.30-18 Uhr, September jeden zweiten und vierten Sonntag im Monat. Nikolausfahrten nach Voranmeldung. Preis für Hin- und Rückfahrt: € 2 pro Person.

Extertalbahn

Am Bahnhof 1, 32699 Extertal (Bösingfeld), Tel. 05236-88 85 70, post@lel-ev.de, www.extertalbahn.de. Anfahrt: von Lemgo B66 bis Dörentrup, dann Ri. Extertal. Mit Dampflok oder Elektrolokomotive – für eingefleischte Fans historischer Eisenbahnen dürften beide Fahrten zum Erlebnis werden. Im Extertal werden historische Wagen abwechselnd von drei verschiedenen Loks gezogen. 46 Kilometer lang ist die Kleinbahnstrecke, die die alten Züge an den Betriebstagen zurücklegen. Nicht im IC-Tempo, sondern so gemütlich, dass man noch was von der Landschaft sieht. Vorbei geht es an Wiesen und Wäldern, an Bauernhöfen und Fischteichen. Zwischen Barntrup und Rinteln können Sie es sich im Restaurantwagen mit dem bezeichnenden Namen „Donnerbüchse" gut gehen lassen. Hier werden warme Speisen serviert. Wenn die Lok so richtig dampft, schnauft und an Bahnübergängen immer wieder pfeift und tutet, schlagen nicht nur Kinderherzen höher. Fahrkarten gibt's nur beim Schaffner, nicht am Automaten. Unbedingt Programm anfordern, da die Bahn nur an ein paar Tagen im Jahr fährt. Hin- und Rückfahrkarten je nach Strecke: Kinder € 1,50, Erwachsene ab € 3.

Die Dampf-Kleinbahn Mühlenstroth tuckert durch Gütersloh

Fotos: Westfälisches Freilichtmuseum Detmold, Dampf-Kleinbahn Mühlenstroth

(Natur-)Denkmäler im Grünen

Externsteine
Externsteiner Straße, 32805 Horn-Bad Meinberg, Tel. 05234-989 03, stadtmarketing@horn-badmein berg.de, www.landes verband-lippe.de, www.horn-badmeinberg.de. Anfahrt: Von Detmold B239 Ri. Heiligenkirchen, links Externsteiner Straße.
Vor 70 Millionen Jahren wurden diese hoch aufragenden Felsbrocken durch Erdverschiebungen in die Höhe gedrückt. Viele Steinzeitmenschen haben hier vor schlechtem Wetter Schutz gesucht – vielleicht genau dort, wo heute Touristen Eintritt bezahlen, ihre erbeuteten Tiere am Feuer gegrillt. Ausdrucksvoll sind diese Naturmonumente auch im wörtlichen Sinn, denn viele Kinder erkennen in den verwitterten Steinen plötzlich Tiere oder schemenhafte Gesichtszüge. Um die Externsteine ranken sich mysteriöse Geschichten. Man sagt ihnen nach, Opferstätte der verschiedensten Religionen gewesen zu sein. Geschichten über die Kult- und Kulturstätte haben dieses Denkmal im Laufe der Jahrtausende berühmt gemacht. Heutzutage muss man nicht mehr unten stehen bleiben und sie bewundern, man kann die Steine auf Treppen und Brücken durchwandern – ein echter Stufenmarathon. Zur Erholung tut eine kleine Pause ganz gut. Beim Felsenwirt findet man einen Familienraum (Rauchen verboten!) mit Felsengrotte zum Toben für die Kids und

Die hoch aufragenden Externsteine laden zu einer Klettertour ein

einen kleinen Abenteuerspielplatz. Die größeren Kinder kann man gut allein spielen lassen, denn Autos fahren hier nicht.
Öffnungszeiten: tägl. 10-18 Uhr, Besteigung April-Okt. Eintritt: Kinder u. Schüler (mit Ausweis) € 1, Erwachsene € 1,50.

Hermannsdenkmal

Grotenburg 207, 32760 Detmold (Hiddesen), Tel. 05231-889 48, info@landesverband-lippe.de, www.hermannsdenkmal.de. Anfahrt: von Detmold Ri. Hiddesen.
„Als die Römer frech geworden", behauptet ein Volkslied, seien sie in Deutschlands Norden gezogen. Sehr weit sind sie allerdings nicht gekommen, denn angeblich hat sie Hermann der Cherusker im Teutoburger Wald in eine Falle gelockt und geschlagen. Diesen Sieg soll er im Jahre 9 n. Chr. errungen haben. Aber erst vor gut hundert Jahren haben ihm die Lipper ein Denkmal gesetzt. Über 50 Meter ist es hoch, allein das Schwert ist sieben Meter lang und wiegt elf Zentner. Der teutonische Held ist aus Kupferplatten gefertigt, seine Innereien bestehen aus Eisenrohren. Übrigens kann man – allen Gerüchten zum Trotz – nicht aus den Nasenlöchern fallen, weil die Besucher dort gar nicht hinaufkommen. Die Aussichtsplattform befindet sich unter Hermanns Fußsohlen. In einer Videoschau oder auf einer Führung ist zu erfahren, wie der Architekt des Hermannsdenkmals, Ernst von Bandel, hier im Wald gelebt und gearbeitet hat. Öffnungszeiten: März-Okt. tägl. 9-18.30, sonst 9.30-16 Uhr. Leider kommt kein Besucher um eine Parkgebühr von € 2 pro Auto herum, auch wenn er nur die Natur genießen oder die Spielplätze nutzen möchte. Eintritt für das Denkmal: Kinder € 0,50, Erwachsene € 1,30.

Das Herrmannsdenkmal

Fotos: Stadtmarketing Detmold

Kaiser-Wilhelm-Denkmal

Kaiserstraße, 32457 Porta Westfalica. Anfahrt: von Minden B61 bis Barkhausen.
Um zum Kaiser zu gelangen, muss zunächst die lange Serpentinenstraße am Wittekindsberg erklommen werden. Dann folgt ein

kleiner Fußmarsch durch den Wald, und das imposante Denkmal liegt vor dem Betrachter. Die große Ringterrasse hat einen Durchmesser von mehr als hundert Metern. Von der darüberliegenden Hochterrasse sind es noch zwanzig Stufen, um unter eine Steinkuppel zu gelangen, die unmittelbar vor Kaiser Wilhelm liegt. Natürlich wurde 1892 ein Kaiser nicht mit einem Denkmal zu ebener Erde geehrt. Der Monarch steht auf einem über fünf Meter hohen Sockel und ist selbst sieben Meter hoch. Das Denkmal ist weit im Lande zu sehen und allemal einen Besuch wert, auch wenn keine besonderen Spielattraktionen geboten werden. Es gibt zahlreiche Legenden über die Entstehung der Porta Westfalica, die neugierige Kids aufhorchen lassen. In grauer Vorzeit gab es den Gebirgseinschnitt zwischen Wiehen- und Wesergebirge noch gar nicht. Die Weser floss – der Sage nach – zwölf Kilometer weit entfernt. Der Teufel soll beschlossen haben, die Menschen hier nach seiner Pfeife tanzen zu lassen. Um sie unter seine Kontrolle zu bringen, verstopfte er den Flusslauf, worauf die ganze Gegend überflutet wurde. Aber die Menschen wollten sich dem Willen des Teufels nicht beugen. Sie begannen, zu Gott zu beten, der ein furchtbares Gewitter mit vielen Blitzen niedersausen ließ. Das Unwetter riss eine große Lücke, die heutige Porta Westfalica, ins Gebirge. So konnte das Wasser wieder fließen.

Mühlenkreis Minden-Lübbecke
Postfach 25 80, 32382 Minden,
Tel. 0571-807 23 17,
www.minden-luebbecke.de.
Über 40 restaurierte Mühlen können auf der 320 Kilometer langen Route durch Minden-Lübbecke besichtigt werden. Und jedes Exemplar hat seine Besonderheiten. Es gibt z.B. Wassermühlen, bei denen das Nass von oben auf das große Schaufelrad fällt, andere Modelle wiederum werden nur durch die Strömung eines Flusses angetrieben. Neben den klassischen Windmühlen sind sogenannte Rossmühlen zu sehen, die von Pferden angetrieben wurden. Der Besuch der Mühlen lohnt zu jeder Jahreszeit, besonders zu empfehlen ist ein Abstecher zu den liebevoll wiederhergestellten Mahlstationen zwischen April und September. Dann finden Tage der offenen Tür statt, bei denen die Mühlen in Aktion zu erleben sind. Es knarrt und ächzt im Gebälk, und neben einigen Mühlen wird aus dem frischen Mehl Brot gebacken. Noch warm und knusprig

ist es ein ganz besonderer Leckerbissen. Ein gut sortiertes Verzeichnis über die einzelnen Mühlen, die gesamte Route und die jeweiligen Aktionen gibt es unter o.g. Adresse.

Sternstunden

Volkssternwarte Ubbedissen
Wittkamp 5, 33695 Bielefeld, Tel. 05202-95 61 00, info@volksstern warte-ubbedissen.de, www.volkstern warte-ubbedissen.de.
Auf einen Besuch der Sternwarte freuen sich Kinder nicht nur, weil sie extra lange aufbleiben dürfen. In der Volkssternwarte Ubbedissen gibt es erstaunliche Dinge zu entdecken, wenn man die unzähligen Sterne einen Moment auf sich wirken lässt. Durch das Fernrohr sieht dann alles wieder ganz anders aus. Captain Kirk und seine Mannschaft wird man bei den angebotenen Beobachtungsaktionen (aktuelle Infos bitte auf der Website nachlesen) wohl nicht entdecken, aber dafür Sterne, die Lichtjahre entfernt sind. Eintrittspreise: Kinder € 2, Erwachsene € 2,50.

IN DÖRFERN & STÄDTEN

Ausblicke

Aussichtsturm
Langenfelder Weg/Am Waldrand, 32657 Lemgo.
Genau 87 Stufen sind zu erklimmen, bis die erste Plattform des Aussichtsturms am Spiegelberg im Lemgoer Stadtforst erreicht ist. Untrainierte Zeitgenossen sind ganz schön aus der Puste, wenn sie oben ankommen. Ein wunderbarer Blick über Lemgo und frischer ostwestfälischer Wind belohnen für die Kletterei auf den schief getretenen Stufen. In der luftigen Höhe genießen die Besucher schöne Impressionen des Lipperlandes und der Stadt Lemgo. Schauen Sie sich gut um, bevor Sie die enge Wendeltreppe wieder hinuntersteigen. Sie ist gerade breit genug für einen Erwachsenen. Unten angekommen kann man entweder dem 72 Kilometer langen Hansa Wanderweg von Herford nach Hameln folgen oder es sich im Restaurant „Aussichtsturm“ (geöffnet Do-Di 11-22 Uhr) mit einem großen Eisbecher auf der Sonnenterrasse so richtig gemütlich machen. Einen Minispielplatz gibt es oben auch. Im Restaurant ist der Schlüssel zum Turm, der stets abgeschlossen ist, erhältlich. Eintritt frei!

Bauwerke & Geschichte

Bauernhausmuseum

Dornberger Str. 82, 33619 Bielefeld, Tel. 0521-521 85 50, bauernhausmuseum@owl-online.de, www.bielefelder-bauernhausmuseum.de.
Nachdem 1995 ein Brand das Haupthaus des ältesten Bauernhausmuseums Westfalens zerstört hatte, erstrahlt das Ensemble aus Bokemühle, Backhaus, Bockwindmühle und Bienenhaus zusammen mit dem neuen Haupthaus – der Hof Möllering aus Rödinghausen – heute wieder auf der Ochsenheide in neuem (altem) Glanz. Hier geht es in erster Linie um das System Bauernhof: Das Museum will neugierig machen und stellt Fragen, die gar nicht leicht zu beantworten sind: Was taten die Hofbewohner im Winter? Wovon träumte eine Magd? War der Müller ein Betrüger? Wie backt man Brot für vier Wochen? Führungen mit der Museumsmaus Molly, Mahlen, Plätzchenbacken, Melken einer (Holz-)Kuh und Märchenstunden nach Voranmeldung. Öffnungszeiten: Feb-Dez Di-Fr 10-18, Sa/So 11-18 Uhr. Eintritt: Kinder € 1,50, Erwachsene € 3.

Burg Horn

Burgstr.13, 32805 Horn-Bad Meinberg, Tel. 05234-20 12 00. Anfahrt: von Detmold B239 Ri. Horn.
Die Baugeschichte der Burg und die vielfältigen Deutungen der Externsteine (→ S. 52), die in der Nähe stehen, sind Themen der Ausstellung. Wie schwer es früher war, an so einfache Dinge wie Wasser heranzukommen, verdeutlicht die hölzerne Wasserleitung. Außerdem schnuppern Neugierige gleich Abenteuerluft beim Anblick der gewaltigen Zweihandschwerter aus dem 17. Jahrhundert. Das pädagogische Programm (nach Anmeldung) ist auf Spannung angelegt. Ein historisches Rollenspiel führt Fünf- bis Zehnjährige vom Kerkerkeller bis zum Burgturm, und die Älteren entdecken als Burgdetektive die „Tür in der Luft". Geöffnet: Di-So 14-16 Uhr. Im Winter eingeschränkte Öffnungszeiten.

Burgruine Vlotho

Oeynhausener Straße, 32602 Vlotho.
Die Überreste der Burg regen die Fantasie zu den abenteuerlichsten Ritterspielen an. Aber: Es ist zwar erlaubt, in der alten Ruine Verstecken zu spielen, allerdings auf eigene Gefahr. Die meterdicken Mauern ragen manchmal nur einen halben Meter aus der Erde, und an anderen Stellen kann in vollständig erhaltenen Räumen herumgeklettert werden. Auf einer Tafel kann man die bewegte Geschichte

Im Kloster Dalheim lernen kleine Handwerker Körbe zu flechten

Foto: Stiftung Kloster Dalheim

der Burg nachlesen. Heute findet sich neben der kostenlos zu besichtigenden Ruine ein Bier- und Kaffeegarten. Von der Terrasse hat man den herrlichsten Blick über das Land, den man sich denken kann. Zahlreiche Wanderwege kreuzen das Burggelände.

Fürstliches Residenzschloss Detmold

Lange Straße, 32756 Detmold, Tel. 05231-70 02-0, verwaltung@schloss-detmold.de, www.schloss-detmold.de.

Zwar ist das fürstliche Residenzschloss nicht so verschnörkelt wie Neuschwanstein, aber seine Eleganz ist beeindruckend. Bis heute wohnen die adligen „zur Lippe" in dem gewaltigen Bau aus der Weserrenaissance. Man fühlt sich im ersten Moment ziemlich klein in den hohen Räumen, schnell erwacht die Fantasie. Wie es wohl ist, im Roten Saal einen Prinzen oder eine Fürstin zu empfangen? Oder den Besuchern im Ahnensaal die großen Taten der Vorfahren zu schildern? Besuche sind nur in Verbindung mit einer der stündlichen Führungen möglich. Öffnungszeiten: Mo-So 10-16, April-Okt bis 17 Uhr. Eintritt: Kinder € 2, Erwachsene € 4.

Kloster Dalheim

Am Kloster 9, 33165 Lichtenau (Dalheim), Tel. 05292-931 90, kloster-dalheim@lwl.org, www.kloster-dalheim.de.
Anfahrt: A44 Abf. 62 (Marsberg-Meerhof) Ri. Lichtenau bis Dalheim.

Verborgen hinter dicken Klostermauern lebten seit dem 15. Jahrhundert die Mönche des Augustinerordens im Altenautal. Niemand Fremdes konnte in ihre Welt vordringen, niemand konnte ihre Geheimnisse erahnen. Das ist in Dalheim inzwischen anders. Heute ist das Kloster ein Museum und erlaubt einen Blick in die Lebenswelt der Ordensleute aus dem 15. Jahrhundert. Wo beteten die Ordensbrüder, wie arbeiteten sie? Was wuchs und duftete in ihrem Garten? In vielen verschiedenen museumspädagogischen Programmen entdecken Kinder in Dalheim die Welt des Klosters auf eine besonders lebendige Art und Weise. Für Entdeckungstouren im Garten gibt es eigens eine Forscherbox für Kinder. Aktionstage an jedem letzten Sonntag im Monat widmen sich einem bestimmten Thema der Klosterkultur. In den Ferien können Kindern den Mönchen in die Töpfe gucken und selbst zum Kochlöffel greifen oder sich als Schmiede versuchen. Beim Kindergeburtstag verwandelt sich das Kloster beim Kinder-Krimi in einen „Tatort“ oder in eine Schreibwerkstatt. Öffnungszeiten: Di-So 10-18 Uhr. Eintrittspreise: Kinder (ab 6 J.) ca. € 1, Erwachsene € 3,90, Familien € 8.

Kreismuseum Wewelsburg

Burgwall 19, 33142 Büren (Wewelsburg), Tel. 02955-762 20, kreismuseum.wewelsburg@t-online.de, www.wewelsburg.de. Anfahrt: A33 Abf. 30 (Borchen-Etteln) Ri. Wewelsburg.
Die einzige dreieckige Schlossanlage Deutschlands erhebt sich hoch über dem Almetal auf einem Bergsporn. In der Anlage befindet sich eine Jugendherberge und das Kreismuseum Wewelsburg mit dem Historischen Museum des Hochstifts Paderborn. Hier wird die Geschichte des Paderborner Landes vorgestellt. Geschichtsbegeisterte Kids können tolle Sachen erleben – beispielsweise die Schmiedevorführungen: Wenn es richtig dampft und qualmt und

In der Musikburg Sternberg soll es spuken ...

der Hammer saust, werden Kinderwangen vor Aufregung rot. Interesse weckt das nachgebaute Steinkammergrab aus der Urzeit samt Grabbeigaben, die verhindern sollten, dass der Tote mit leeren Händen im Jenseits ankommt. Thematisiert wird die dunkle Vergangenheit der Wewelsburg, die u.a. der SS als Kult- und Agitationsraum diente und bei den Hexenverfolgungen eine unrühmliche Rolle spielte. Nach Absprache werden Museumsrallyes und Kindergeburtstage (€ 40 + € 1/Person) ausgerichtet. Öffnungszeiten: Di-Fr 10-17, Sa/So 10-18 Uhr. Eintritt: Kinder € 1,50, Erwachsene € 3.

Musikburg Sternberg

Sternberger Str. 52, 32699 Extertal, Tel. 05262-561 80, info@musikburg.de, www.musikburg-sternberg.de. Anfahrt: A2 Abf. 27 (Bielefeld), B66 Ri. Lemgo/Hameln, Dörentrup links.

Schaurig-schön: Burgfräulein Silvia war von edlem Geblüt und bis über beide Ohren verliebt – aber in den falschen Mann. Sie hatte ihr Herz an einen einfachen Brunnenbauer verloren, der ihre Liebe erwiderte. Als das Paar ertappt wurde, musste es sterben. Silvia soll bis heute keine Ruhe gefunden haben und durch das Gemäuer in Dörentrup spuken. In der Burg, die zum reinen Vergnügen im zwölften Jahrhundert gebaut wurde, ist noch mehr los. Nachdem zwei Instrumentenbauer in den vierziger Jahren eingezogen sind, hat das alte Gemäuer eine ganz neue Bedeutung erhalten. Zusammengetragen wurde eine große Sammlung von Streich-, Blas- und Tasteninstrumenten, die neben den tollen Erfindungen der experimentierfreudigen Bewohner zu bestaunen ist. Zu sehen sind ein Fagott aus einem Stuhlbein, eine Geige ohne Körper und andere lustige Gebilde mit einem ganz besonderen Klang (werden vorgespielt). Die Burg ist kein Museum mit roten Kordeln, die als Absperrungen dienen. Für Kinder gibt es einen lebendigen Kulturraum zu entdecken mit Märchen-Klangtheater, Zaubergeschichten zu den Klängen einer keltischen Harfe und Instrumentenbaukursen. In den Ferien können interessierte Kinder gleich eine ganze Woche auf der Burg verbringen. Wenn Sie die Burg (auch ganz spontan) besuchen möchten, müssen Sie sich vorher telefonisch anmelden. Öffnungszeiten nach Vereinbarung. Kosten pro Nase: Burgführung mit Klangvorführung € 4, Märchen-Klangtheater € 4.

Sparrenburg Bielefeld

Am Sparrenberg 38a, 33602 Bielefeld, Tel. 0521-136 79 56, www.bielefeld.de.

Erbaut wurde die Sparrenburg zwischen 1240 und 1250 von den Grafen von Ravensberg. Ihr Zweck: die Verteidigung der neu gegründeten Stadt Bielefeld (damals „Biliuelde“). Rund um den Turm sind 300 Jahre später vier

Foto: Matthias Carl

große Rondelle gebaut worden. Unter den Rondellen wurden unterirdische Gänge, die Kasematten, angelegt. Eine Führung beginnt mit der Geschichten über die riesigen Pechtöpfe, die an den Eingängen angebracht waren, um Feinde am Eindringen zu hindern. Wichtige Fragen werden beantwortet: Wo haben die Ritter ihr Brot gebacken? Wo und wie ging ein Ritter zur Toilette? All das wird in spannenden Geschichten, umgeben von meterdicken Steinwänden im kalt-feuchten Ambiente erzählt. Wieder draußen, können Kinder sich auf den Rasenflächen am Burghof vergnügen, eine Turmbesteigung machen und oben durch die Zinnen gucken. Einmal im Jahr findet ein mittelalterliches Spektakel statt: Minnesänger treffen auf Besenbinder, Schweinehirten und Gewürzverkäufer. Öffnungszeiten: April-Okt tägl. 10-18 Uhr. Eintritt Kasematten: Kinder € 1,20, Erwachsene € 1,50, Turm € 0,70 für Kinder und € 1 für Erwachsene.

Weserrenaissance-Museum

Schloss Brake, 32657 Lemgo, Tel. 05261-94 50-0, weserrenaissance-museum@t-online.de, www.wrm.lemgo.de.
Wonach haben wohl die Damen der feinen Gesellschaft vor 400 Jahren gerochen? Riechfläschchen mit Düften aus der Vergangenheit laden Ausflügler zum Ausprobieren ein. So viel sei verraten: Amber- und Rosmarinessenz sind dabei. Für Abenteuerlustige ist die nachgestellte Ausgrabung im Gewölbekeller der Hit. Reste einer Burg wurden entdeckt und freigelegt, die schon verfallen war, als man das Schloss gebaut hat. Die Burgreste blieben stehen, und man hat das Schloss Brake drumherum gebaut. Wer vor rund 400 Jahren ein prächtiges Haus hatte, wollte es schmuckvoll einrichten. Alles, was dazugehörte, ist hier zu besichtigen. Trotz der altehrwürdigen Exponate können lebhafte Kids hier Geburtstag feiern. Dann spukt ein Gespenst, und der Höhepunkt ist eine Schatzsuche (der Schatz muss mitgebracht werden). Für die Familie eignen sich Spezialführungen. Themen sind z.B. das Alltagsleben vor 400 Jahren oder „Eine Visitenkarte aus Stein“. Das Schloss ist von einem Wassergraben umgeben und steht auf den Grundmauern einer der größten mittelalterlichen Burgen Norddeutschlands. Der markante Turm macht es zum weithin sichtbaren Wahrzeichen der alten Hansestadt Lemgo. Die Gebäude im näheren Umfeld des Schlosses vermitteln noch heute ein eindrucksvolles Bild einer frühneuzeitlichen Residenz zu der die Domäne, drei historische Mühlen und ein Waschhaus gehören. Das Schloss ist heute auch Sitz des Landesverbands Lippe.
Öffnungszeiten: Di-So 10-18 Uhr. Eintritt: Kinder € 2, Erwachsene € 3. Führung nach Voranmeldung.

Foto: Bielefelder Marketing GmbH

Hoch hinaus geht es bei der Turmbesteigung auf der Sparrenburg

Stadtrallye

Der Startschuss zur Rallye in Bielefeld fällt am Niederwall auf dem großen Platz zwischen Altem und Neuem Rathaus. Dort steht die Skulptur des Mannes, der seinen Kopf mit den Händen stützt, als ob er furchtbare Kopfschmerzen hätte. Tipp: Bevor es losgeht, können sich die Stadtdetektive in der Tourist-Information im Neuen Rathaus Infos über die Stadt und die Aktivitäten für Kids holen. Wer genau hinschaut, bemerkt sofort, dass die beiden Bielefelder Rathäuser völlig unterschiedlich aussehen. Deshalb lautet die erste Frage: **(1) In welchem Baustil ist das Alte Rathaus gebaut?** Jetzt machen die Asphalt-Spürnasen einen kurzen Abstecher zum Theater: Welches Stück wird heute gespielt? Beim Wasserspiel wird die Straßenseite gewechselt. Hier angekommen, dre-

Das alte Rathaus sieht ganz anders aus als das neue. Warum?

hen sich alle um und zählen die dicken Säulen, die vor dem Alten Rathaus stehen. **(2) Wie viele sind es?** Weiter geht es auf der Altstädter Kirchstraße in den Altstädter Kirchpark, in dem der „Leinenweber" auf einem Brunnen steht. **(3) Weswegen wurde ihm ein Denkmal gewidmet?** Vor den Stadtforschern ragt nun die große Altstädter Nicolaikirche auf. Im Vorraum der Kirche steht ein beleuchteter Glaskasten. **(4) Was ist darin zu sehen?** Neugierige Kids können durch die nächste Tür in die Kirche gehen und sich umsehen, wenn nicht gerade Gottesdienst ist. Die Rallye geht vor der

Die Altstädter Nicolaikirche

Das Leinenweber-Denkmal

Fotos: Bielefelder Marketing GmbH

Kirchenpforte links weiter durch die Niedernstraße und dann auf den Alten Markt. **(5) Auf dem auffallenden Brunnen befindet sich ein fliegender Mann, dessen Name nun enträtselt werden muss.** Tipp: Der Name ist nirgendwo angeschlagen, vielleicht wissen die Eltern oder eine Verkäuferin in einem Geschäft weiter. Hinter dem hoch fliegenden Gesellen jedenfalls stehen die schönsten Häuser in der Bielefelder Altstadt. **(6) An einem der Häuser ist deutlich abzulesen, was sich dort heute befindet.** Wenn sich die Spaziergänger umdrehen, fällt ihr Blick auf das Theater am Alten Markt. **(7) Wie viele Stufen sind es wohl bis auf den kleinen Balkon?** Weiter geht's in der Obernstraße Rich-

Der Alte Markt mit den schönsten Häusern der Bielefelder Altstadt

tung Kunsthalle. Gleich am Haus Nr. 1, dem Crüwell-Haus, ist ein wunderschöner alter Giebel zu sehen. **(8) Wie viele Holzfensterläden sind darin?** Ein Stückchen weiter kommen die kleinen und großen Entdecker links auf einen freien Platz, auf dem endlich eine kleine Pause eingelegt und ein großer Eisbecher vertilgt werden kann. So gestärkt lässt sich die nächste Rätselfrage ganz leicht lösen: **(9) Wie heißt die Kirche, die schräg gegenüber der Eisdiele steht?** Auf dem kleinen Platz vor der Kirche ist im Sommer oft das Puppenspiel von Dagmar Selje zu erleben (→ S. 103). Rechts stößt das Rateteam auf eine kleine Gasse, die durch zwei Torbögen auf den Klosterplatz führt. **(10) Warum heißt dieser Platz so?** (Tipp: Es gibt ein Schild am rechten Haus.) Gegenüber befindet sich ein kleines Marienmosaik in der Wand. Wäre das nicht mal eine Idee für verregnete Tage? Kleine Künstler können versuchen, zu Hause ein Mosaik aus kleinen Steinchen oder Granulat, das man im Bastelladen kaufen kann, anzufertigen. Die Route führt weiter über den Platz und dann links in die Klasingstraße. Links an der Giebelfront eines Hauses prangt ein riesiges Wandbild. **(11) Was zeigt es?** Wieder auf der Obernstraße angekommen, geht's rechts hoch bis zum Park vor der Kunsthalle (→ S. 147), der sich für ein zweites Päuschen anbietet. Vor dem Ausruhen muss jedoch eine weitere Kniffelfrage beantwortet werden: **(12) Wie heißen die Plastiken, die im Park und vor der Tür der Kunsthalle stehen?** Neben der Grünanlage liegt das Ratsgymnasium. An seinen vielen Fenstern kann man prima testen, wie weit man schon zählen kann. Nur geduldige Späher finden die versteckte Antwort auf die nächste Frage: **(13) Wie hieß das Gymnasium früher, und welche Funktionen hatte es?** Gegenüber steht das Museum Waldhof, in dem Skulpturen und moderne Kunst ausgestellt werden. Die Flaneure gehen die Straße Waldhof hinunter und stoßen rechts auf einen Spielplatz. Nach einer zünftigen Tobe-Pause wird zum Schlussspurt der Rallye angesetzt: Weiter auf der Straße „Am Bach" bis zum Gehrenberg, dann links einbiegen und nach der Tür im Haus Nummer 31 fahnden. Wenn das Rallye-Team sie gefunden hat, steht es in einer ganz kleinen Straße. Die Spaziergänger gehen hinten links durch die Allee mit den schönen Bäumen und stehen wieder in der Nähe des Ausgangspunktes: vor dem Rathaus.

Fotos: Bielefelder Marketing GmbH

Antworten:
(1) Die Antwort findet sich auf der Tafel am Gebäude: Weserrenaissance; (2) vier Säulen; (3) den Leinenwebern wurde hier ein Denkmal gesetzt, weil früher viele Menschen in der Region von diesem Handwerk gelebt haben; (4) Buch mit Gedenkschrift; (5) Merkur, der Götterbote; (6) das Bankhaus Lampe; (7) 13 Stufen. Eine ganz kleine Stufe führt zusätzlich zur Tür, die zählt aber nicht; (8) zwölf Fensterläden; (9) die Antwort steht im Schaukasten: Jodokuskirche; (10) 1886 wurde hier eine Klosterschule erbaut; (11) große Kirchenfenster; (12) „Oval mit zwei Spitzen" und „Der Denker"; (13) die Antwort steht auf dem Schild an der Tür an der Straße Waldhof: Es hieß Grestscher Hof und diente u.a. als Waisenhaus, Landwehrzeughaus, Cholerastation und Bibliothek.

Die Kunsthalle Le Matin

Stadtspaziergang

Entdeckungstour durchs alte Wiedenbrück

Die Altstadt von Wiedenbrück wirkt mit all ihren geheimnisvollen Figuren und Motiven wie ein (etwas gruseliges) Freilichtmuseum. Das Haus Espeter gegenüber der St.-Aegidius-Kirche ist über und über mit Fabelwesen geschmückt. Geheimnisvolle Motive wurden für das benachbarte Rathaus aus dem Jahr 1619 verwendet. Am Laubengang ist ein „Neidkopf" zu entdecken, eine Art Menschenkopf, der ein christlicher Ersatz für heidnische Bauopfer sein sollte. Einfach schaurig: Viele Jahre zuvor wären noch Katzen, Hunde und Hühner in das Bauwerk eingemauert worden, um es vor Unheil zu bewahren. Auf der Straße „In der Halle" ist das Haus Hemmelmann mit seinen Tier-, Fabel- und Menschenbildern besonders auffällig. Das Menschenantlitz mit dem gescheitelten Haar steht für Völlerei, üppiges Essen und reiche Weine. Die nächste Abbildung – halb Wolf, halb Mensch – gilt als Symbol des Geizes. Wer entdeckt als Erster den Fuchs, der auf der Hausfassade die Gans stiehlt? Er sollte offenbar eine Warnung an Diebe sein. Und noch etwas Spannendes: der Drudenfuß am Haus Gröne an der Ecke „Zum Klinkelbrink". Das ist kein echter Fuß, sondern ein Stern, der die bösen Geister (die Druden) täuschen sollte – sie sollten denken, es seien vor ihnen schon andere Geister da gewesen. Auch die Erbauer des Hauses Fuchshöhle in der anschließenden Kirchstraße glaubten an die Kraft des Drudenfußes. Es waren wohl gläubige Menschen, denn in lateinischen Worten beschworen sie „Gottes Hilfe". Der Rundgang führt wieder dorthin, wo er begonnen hat: zur St.-Aegidius-Kirche. Weitere Informationen: Flora Westfalica, Mittelhegge 11, 33378 Rheda-Wiedenbrück, Tel. 05242-93 01-0, info@flora-west falica.de, www.flora-westfalica.de.

FLÜSSE, SEEN & KANÄLE

Schachtschleuse

Schachtschleuse Minden
Sympherstr.1, 32425 Minden, Tel. 0571-64 58 11 15, wsa-minden@wsv.bund.de, www.wsa-minden.de.

Über 13 Meter tief ist die Schachtschleuse in Minden. Von 1911 bis 1914 wurde sie gebaut, damit die Schiffe vom Mittellandkanal in die Weser fahren können oder umgekehrt. Rund 10.000 Mal im Jahr wird die Schleuse benutzt, und kleine Technikfans können zuschauen, wie 11.300 Kubikmeter

Foto: Mindener Fahrgastschiffahrt

In der Schachtschleuse kann es ganz schön eng werden!

Wasser hinein- oder hinauslaufen. Außerdem ist es ganz schön spannend, die Boote und Schiffe anzuschauen. Neben Güter- und Fahrgastschiffen kommen jede Menge Weserflitzer vorbei. Die Schachtschleuse ist vor fast hundert Jahren als „Sparmodell" konstruiert worden. Sie hat riesige Speicherkammern, die beim Abwärtsschleusen einen Großteil des Wassers aufnehmen können. So muss nicht jedes Mal das ganze Wasser aus dem Kanal gepumpt werden. Im Info-Zentrum der Schleuse, die wie eine Burg aussieht, erfahren Interessierte noch mehr über das große Wasserstraßenkreuz in Minden: Kinder können sich z.B. erklären lassen, wie viele Tonnen auf ein Schiff passen und warum. Öffnungszeiten: April-Okt Mo-Sa 9-17, So 9-18 Uhr. Eintritt mit Besuch der Schachtschleuse: Kinder € 0,80, Erwachsene € 1,40.

Schiffsfahrten

Mindener Fahrgastschifffahrt
Sympherstr. 16, 32425 Minden, Tel. 0571-64 80 80-0, info@mifa.com, www.mifa.com.
„Steife Brise" in Ostwestfalen-

Mit der Mindener Fahrgastschifffahrt geht's durch die Schleuse

Die „MS Lipperland“ tuckert gemütlich über den Emmerstausee

Lippe: Von Anfang April bis Mitte Oktober bietet die Mindener Fahrgastschifffahrt verschiedene Kreuzfahrten an. Eine bis drei Stunden dauern die Schifffahrten, z.B. über das berühmte Wasserstraßenkreuz, an dem der Mittellandkanal über der Weser fließt. Besonders aufregend ist eine Tour mit Schleusung durch die historische Schachtschleuse, bei der es 13 Meter rauf- oder runtergeht. Wie kleine Kapitäne fühlen sich die Kids, wenn sie den Schaulustigen am Ufer zuwinken. Den Blick nach vorn richten, ein „Schiff ahoi“ auf den Lippen und die Schaumkronen auf den Wellen beobachten, die die schicken weißen Schiffe in die See schlagen, das macht schon Spaß. An kühleren Tagen ist der beste Platz wohl unter Deck. Zwischen 160 und 250 wetterfeste Plätze stehen auf der „Poseidon“, der „Helena“ oder der „Europa“ zur Verfügung. Man kann auch gleich das ganze Schiff mieten und eine zünftige Seeräuberparty starten. Das ist allerdings ein teurer Spaß (Std. ab € 210)! Es gibt jede Menge preiswertere Angebote. Programme mit Angeboten zu Tagesfahrten und Kombi-Tipps erhalten Sie unter der oben genannten Adresse.
Die Kreuzfahrten kosten für Kinder € 3,50-10,50, für Erwachsene € 7-15. Geburtstagskinder fahren kostenlos mit.

MS Lipperland
Postfach 12 12, 32816 Schieder-Schwalenberg (Schieder), Tel. 05282-18 69, Anfahrt: von Detmold B239 Ri. Höxter.
Am südlichen Zipfel des Emmerstausees liegt der Anleger für die „MS Lipperland“. Mit Blick auf den herrlichen See fällt die Entscheidung richtig schwer. Soll man nun die Rundfahrt buchen und eine Stunde übers Wasser

Fotos: Mindener Fahrgastschiffahrt, MS Lipperland

schippern? Oder sich doch ein wenig mehr Zeit gönnen und im Kneippkurort Glashütte aussteigen, um die Gegend zu erkunden? Eine Rundfahrt bietet sich für Kaffeetrinker an, die ihre Kinder über das Sonnendeck toben lassen können. Genüsslich lassen sich auf dem Emmerstausee Surfer und Tretbootfahrer beobachten, die sich so richtig abrackern, während Sie sich das zweite Stück Torte bestellen. Einfach abschalten und die Gedanken schweifen lassen – bei einer Schiffstour auf der „MS Lipperland“ sind Hektik und Stress ganz weit weg. Saison ist von Mai-Okt. Kosten für die Rundfahrt: Kinder (bis 16 J.) ca. € 3, Erwachsene ca. € 4,50.

Kanuverleih

Um vom Boot aus Fische oder Wasservögel beobachten zu können und über das Wasser zu gleiten, muss man nicht tief ins Portemonnaie greifen. Hier können Kanus & Co geliehen werden:

▶ *Busch Freizeit, Postweg Nord 7, 37671 Höxter, Tel. 05271-92 13 63, info@busch-freizeit.de, www.busch-freizeit.de.*

Kajaks, Kanadier sowie Fahrräder liegen an der Weser beim Ruderverein nahe des Campingplatzes Höxter bereit. Preisbeispiel: Für die Fahrt von Höxter nach Bad Karlshafen zahlt man pro Person € 18 für einen kompletten Tag Kanuvergnügen.

TAGES-AUSFLÜGE

Fahrradtouren

Allgemeiner Deutscher Fahrrad Club Bielefeld e.V. – Das Radhaus

Am Bahnhof 2, 33602 Bielefeld, Tel. 0521-13 11 13, adfc.bielefeld@gmx.de, www.adfc-bielefeld.de.

Es ist unmöglich, alle Fahrradtouren aufzuzählen, zu denen sattelfeste Familien in Ostwestfalen-Lippe starten können. Ganz egal, wo Sie sich aufhalten: Felder, Wälder und Wiesen sind immer in der Nähe – wenn Sie nicht gerade mitten auf dem Willy-Brandt-Platz in Bielefeld stehen. Und selbst von dort ist der Weg zur nächsten Radroute nicht weit: Infos und Streckentipps für Radler hält neben der Tourist-Information am Bahnhof der ein paar Meter weiter gelegene Allgemeine Deutsche Fahrrad Club (ADFC) bereit. Hier liegt für Fahrrad- und Tourenfans gesammeltes Infomaterial über Strecken in Ostwestfalen und dem Rest der Welt zur Einsicht bereit. Außerdem werden von April bis Oktober regelmäßig geführte Touren angeboten – von Feierabendrunden über Touren mit Kleinkindern bis zum Rennradtraining. Die Adressen der übrigen ADFC-Geschäftsstellen in Ostwestfalen-Lippe erhalten Sie bei der ADFC-

Landesgeschäftsstelle Nordrhein-Westfalen, Tel. 0211-67 52 48. Am Bielefelder Bahnhof gibt es ein Parkhaus für Zweiräder, die Fahrradstation „Rail und Radel". Die Öffnungszeiten sind auf die Bedürfnisse von Pendlern abgestimmt.

Senne-Parcours Hövelhof

Verkehrsverein Hövelhof, Schlossstr. 14, 33161 Hövelhof, Tel. 05257-500 92 15, www.senneparcours.de

Der „Senne-Parcours Hövelhof" ist ein Rad-Rundweg, der mit einem Dutzend sennetypischer und geschichtsträchtiger Sehenswürdigkeiten gespickt ist. Eltern und Kinder lernen unterwegs allerlei über Landschaft, Geschichte und Bewohner der Senne, die heute in weiten Teilen als Truppenübungsplatz vom deutschen und britischen Militär genutzt wird. Die Weltausstellung Expo im Jahr 2000 war Anlass, das Projekt in Gang zu setzen. Wer die 65 Kilometer lange Strecke auf zwei Rädern scheut, kann beruhigt aufatmen. Die Tour ist bequem auch etappenweise zu bewältigen. Ausgangspunkt der Route ist der Bahnhof von Hövelhof. Die Gemeinde im Norden des Kreises Paderborn ist das Tor zur Senne. Die Räder können im Zug transportiert werden. Unterwegs warten zwölf interessante Stationen auf große und kleine Besucher. Der

Foto: ProjectPhotos

Sattelfeste Familie auf Tour durch Ostwestfalen-Lippe

gesamte Parcours erfordert sicherlich drei bis vier Tage, die reine Fahrtstrecke ist dagegen in einem Tag zu bewältigen. Jeder entscheidet selbst, welche der Stationen er näher kennenlernen möchte. Es besteht kein Zwang, alle Wegpunkte anzufahren. Die Route führt zunächst zum Hövelhofer Heimathaus mit seinem Haus des Historischen Handwerks. Hier lässt sich das Leben der vergangenen Jahrhunderte erfahren und erleben. Besonders lohnt sich ein Blick auf die gesammelten Werkzeuge und Fundstücke aus der Vergangenheit der Senne. Später geht's zur Heidschnuckenschäferei an den Rand des Truppenübungsplatzes. Hier leben jede Menge Heidschnucken, die aber nicht immer im Stall, sondern oft auch von ihren Schäfern über die Weiden der Senne geführt werden. Nicht weit entfernt liegt das herrliche Naturschutzgebiet Moosheide. Ganz unscheinbar entspringt hier ein Fluss, der sich seinen Weg bis zur Nordsee bahnt: die Ems. Auf Naturtreppen laufen Sie direkt bis zur Quelle. Vielleicht sehen Sie auf dem Weg eine weitere Attraktion der Route: die Weide mit den Senner Pferden. Allerdings wer-

Eine Fahrradtour macht mit Freunden gleich doppelt so viel Spaß

den die Vierbeiner nur im Sommer auf die eingezäunte Wiese gelassen. Wer noch mehr lernen will, kann sich anschließend in den Ortsteil Riege aufmachen und im Dorfschulmuseum erleben, wie Pädagogik zu Urgroßmutters Zeiten funktionieren sollte. Geschichtlich Interessierte fahren weiter zur Dokumentationsstätte des Stalag 326, ein Gefangenenlager während der Nazi-Zeit. Naturfreunde zieht es bestimmt zu den beiden Biologischen Stationen und zu den Mühlen des Furlbachs. Weitere herrliche Naturoasen und interessante Bauwerke stehen noch auf der Liste. Einfach mal anschauen und eine passende Auswahl treffen. Über die Route informiert wahlweise ein Faltblatt oder die informative Webseite.

Rund um Rheda-Wiedenbrück
Eltern und Kinder, denen abwechslungsreiche Strecken Spaß machen, sollten sich an den Radweg Nr. 8 rund um Rheda-Wiedenbrück heranwagen. Die 19 Kilometer und drei bis vier Stunden lange Tour führt durch Dörfer, kleine Siedlungen, durch Wälder und sogar am Wasser entlang. Die kleinen Zweiradfahrer haben Gelegenheit, in Gärten und Höfen einen Blick auf faule Hängebauchschweine, schnatternde Gänse und weidende Shetlandponys zu werfen.
Achtung: Die Tour führt über Schlaglochstrecken und holperige Feldwege und verlangt Räder, die vom Reifen bis zur Sattelfederung tipptopp gewartet sind. Die Orientierung ist nicht besonders schwer: Sie und Ihr Team folgen fast ausschließlich der Markierung R8, die auf Laternenmasten, Verkehrsschilder und Bäume gemalt ist. Wer auf Nummer sicher gehen möchte, besorgt sich eine Kreisradwanderkarte (Maßstab 1:50.000), auf der alle Radwege genau verzeichnet sind. Die Karten sind in allen größeren Buchhandlungen der Region erhältlich.
Die „Tour de Rheda-Wiedenbrück" beginnt bei der Flora Westfalica (→ S. 25) am Reethus. Über die Hauptstraße und kleinere Wege wird an einem kleinen Waldstück vorbei zum Gut Neuhaus geradelt. Über 700 Jahre alt ist dieses idyllische Gut, an dem Sie das Tempo etwas verlangsamen und ein oder zwei Blicke riskieren können. Weiter geht es durch das Waldgebiet „Auf der Wiek". Im Ortsteil St. Vit angekommen, sollte die sportliche Crew das erste Mal von den Sätteln steigen und sich den Hochal-

tar und die Kanzel der Pfarrkirche anschauen: Beide glitzern golden und sind mit feinen, überaus kostbar anmutenden Schnitzereien verziert. Wenn Sie den Ort in Richtung Wadersloh verlassen haben, überqueren Sie den Hamelbach und touren weiter, bis der Radweg R22 ausgeschildert wird. Immer den Schildern nach führt der Weg zum Haus Aussel. Dieser Burgmannshof ist mehr als 400 Jahre alt und sieht aus wie eine Mischung aus Burg, Schloss und Bauernhaus.

Weiter führt der R22 mitten in den Wald, in dem Sie eine satte Wiese finden, auf der es sich herrlich pausieren und picknicken lässt. Der Spiel- und Trimmplatz gleich nebenan ist für die Kids jetzt genau das Richtige. Freunde des gepflegten Schmauses radeln die geteerte Straße weiter geradeaus und steuern die Gaststätte „Stadtwald" an. Zum Nachtisch erwartet Naturkundler ein Waldlehrpfad, der links neben der Gaststätte beginnt. Frisch gestärkt folgen Sie dem R22 bis über die Ems. Biegen Sie links ab (der R22 wird nun verlassen), und fahren Sie unter der Brücke her bis zum Aegidienwall, auf dem es weitergeht bis zum Nord- und zum Mühlenwall. Nachdem rechts über die erste Brücke gerollt wurde, kann endlich zum Endspurt angesetzt werden: Kleine und große Pedalritter folgen ab jetzt der Beschilderung zum Reethus und damit zum Ausgangspunkt.

Kanuwandern

Can e.V.
Brunnenbergstr. 16 A, 30165 Hannover, Tel. 05105-80 99 46, www.can-ev.de, kontakt@can-ev.de.
Wer einen Tagesausflug nach Hannover plant, kann mit Can e.V. wunderschöne Kanutouren unternehmen. Morgens, wenn die Vögel zwitschern, kommt man an den Fluss. Dort warten schon die bunten Kanus. Vom Fluss aus betrachtet wirkt Hannover wie ein Dorf in weiter Ferne. Mit der Strömung lässt man sich durch einen schönen Sonnentag gleiten. Mittags wird an einer Wiese gerastet und mitgebrachte Leckereien werden gegrillt. Satt und zufrieden lässt man den Tag langsam ausklingen. Die Kanus und die Ausrüstung werden gestellt. Die Kinder sollten schwimmen können, wenn sie an der Tour von Döhren nach Limmer teilnehmen möchten. Radler können bequem zum Einstiegsort Döhren fahren. Can e.V. bringt die Räder zum Zielort Limmer. Die Touren werden für Schulklassen oder Gruppen bis 32 Personen angeboten und finden Sa und So zwischen 10 u. 17 Uhr statt. Genaue Termine und Kosten gibt's bei Can e.V.

Großer Weserbogen
Zum südlichen See 1, 32457 Porta Westfalica, Tel. 05731-61 88. Anfahrt: A2 Abf. 33 (Porta Westfalica), B482 Ri. Minden. Durch Vennebeck Ri. Camping.

Foto: PhotoDisc

Erst die Arbeit, dann das Vergnügen: Familie vor der Paddeltour

Eine besondere Tour hat sich die Wochenend- und Ferien-Erholungsanlage Großer Weserbogen ausgedacht: Wasserwandern auf der Weser. Mehrere Touren starten ins vergnügliche Nass bis zum „Großen Weserbogen". Tour A beginnt in Porta Westfalica im Stadtteil Eisbergen unterhalb der Weserbrücke. Die Tour B beginnt in Erder und Tour C startet in Vlotho. Sie nehmen Kanus für zwei oder vier Personen und Schwimmwesten in Empfang. Nach einer Einweisung werden die Kanus auf dem südlichen See zu Wasser gelassen. Vorbei an Surfern und Tretbootfahrern paddelt Ihr Team zwischen Weser- und Wiehengebirge. Wer dabei die Augen aufhält, sieht nicht nur Kühe und Bäume, sondern auch die Besonderheiten der Umgebung. Drachenflieger sind zu beobachten, die ihre Runden drehen. Die Ausflüge sind für Familien mit Kindern ab sechs Jahren geeignet, sie müssen telefonisch vorbestellt werden und kosten pro Kanu ab Eisbergern im 4er Kanu € 79, ab Erder € 66 und ab Vlotho € 52. Die Tour Eisbergen–Großer Weserbogen dauert ca. sechs Stunden (21 Kilometer), die Tour Erder–Großer Weserbogen dauert ca. vier Stunden (14 Kilometer) und die Tour Vlotho–Großer Weserbogen ca. zwei Stunden (7 Kilometer).

Natur-Aktiv
De-Haen-Platz 13, 30163 Hannover, Tel. 0511-66 72 41, www.natur-aktiv.org, kanutouren@natur-aktiv.org, Kontakt: Herr Runge.

Die Schachtschleuse Minden ist 13 Meter tief

Ganz nah kommt das Damwild im Wildgehege in Bad Wünnenberg

„Sitzt da etwa eine Libelle auf der Bootsspitze?“, fragen sich die Kinder und starren gebannt nach vorn. Wer die hundert Kilometer Fahrt bis Hannover nicht scheut, kann auf den kleinen, idyllischen Heideflüsschen paddeln: entweder in Kanadiern – das sind sichere Boote für zwei bis drei Personen – oder in Kajaks. Diese unverwüstlichen „Tupperdosen“ auf dem Wasser sind optimale Spielboote für Kinder. Familien nehmen gerne an den geführten Tagestouren teil. Die Strecken sind nicht zu lang und es werden mehrere Pausen gemacht. Den Kindern bleibt so viel Zeit zum Spielen, und sie bekommen ganz nebenbei eine Einführung in die Welt des Paddelns. Zum Programm gehört ein leckeres Picknick auf der Wiese. Neben den Tagestouren können längere Fahrten gebucht werden, die sich für Anfänger und Familien gut eignen. Für die Kinder sind die Übernachtungen in Indianerzelten der große Hit. Abends entfacht

Fotos: Schachtschleuse, Bad Wünneberg

Auf Papas Schultern werden müde Wanderer wieder munter

man ein Lagerfeuer und röstet über der Glut Stockbrot. Boote und Ausrüstung werden gestellt, auf Wunsch übernimmt der Veranstalter die Organisation von Zelten, Verpflegung und Anfahrt. Kosten: Tagestouren Erwachsene ab € 18, Kinder ab € 12,50, Kinder unter 14 Jahren paddeln kostenlos mit, wenn sie kein eigenes Kanu brauchen.

Auf Schiff & Schienen

Museums-Eisenbahn Minden e.V.

Ringstr. 115, 32427 Minden, Tel. 0571-583 00, info@museumseisenbahn-minden.de, www.vereine.minden.de/mem.

Nur etwa zehnmal im Jahr wird der Museumszug aus dem Schuppen geholt. Die historischen Wagen und die liebevoll restaurierte Lok versetzen Klein und Groß für einen Tag in ein ganz anderes Zeitalter. In mäßigem Tempo tuckern Lok und Waggons über die Weser und bieten einen herrlichen Panoramablick auf die Porta Westfalica. Nach einer dreiviertelstündigen Fahrt ist das Ziel erreicht. Entweder Sie pausieren 15 Minuten und fahren dann zurück, oder Sie besichtigen in aller Ruhe das Besucherbergwerk (→ S. 106). Falls Sie Letzteres vorhaben, sollten Sie dies vor dem Start unter o.g. Tel. klären. Ein Sonderbus wird Sie dann vom Bergwerk aus zur Mindener Schachtschleuse (→ S. 66) bringen. Hier steht ein Fahrgastschiff bereit, mit dem Sie zur Windmühle Südhemmern gelangen, in der ofenfrisches Brot auf hungrige Gäste wartet. Am Nachmittag touren Sie etwa eine halbe Stunde lang mit der Dampflok wieder zurück zum Ausgangspunkt. Die Tagesfahrt ist leider nicht besonders günstig. Ein Bahnticket (Hin- und Rückfahrt) für eine Familie mit vier Kindern kostet € 30. Für die Kombination aus Bahn- und Schifffahrt zahlen Kinder € 6, Erwachsene € 12. Hinzu kommt der Eintritt ins Besucherbergwerk. Preiswerter ist es, die Zugfahrt mit einer Fahrradtour zu verbinden.

Wandern um Bad Wünnenberg

Bad Wünnenberg

Im Aatal, 33181 Bad Wünnenberg, Tel. 02953-80 01, info@bad-wuennenberg.de, www.bad-wuennenberg.de. Anfahrt: von Paderborn A33, nach dem Kreuz Wünnenberg-Haaren B480.

Der Wanderausflug startet im Kurpark des Luft- und Kneipp-Kurortes Bad Wünnenberg. Hier kann die ganze Familie eine Runde Wasser treten, um aufzuwachen. Südlich vom Kurpark liegt der Paddelteich, der eigentlich einen romantischeren Namen verdient hätte. Wer Lust auf eine Bootstour hat, besteigt Tret- oder Ruderboote. Ein Spielplatz zum Austoben

liegt am südlichen Ende des Sees gleich neben den Wald-, Vogel- und Wasserlehrpfaden. Weiter geradelt wird Richtung Aabachtalsperre. Hier kommen die Ausflügler zu einem großen Wildgehege mit Dam- und Rotwild (→ S. 40). Zwischen den Gehegen von Lamas, Ponys und Auerochsen kann man noch einmal die Füße in eiskaltes Wasser tauchen. Danach sollten die Wanderschuhe angezogen oder die Fahrräder geholt werden, denn hier beginnt der neun Kilometer lange Rundweg um die Aabachtalsperre, ein See, der 200.000 Menschen täglich mit Trinkwasser versorgt. Um die Halbzeit der Wanderung zu feiern, nehmen Sie auf einer der vielen Bänke Platz und genießen mitgebrachte Snacks. Der Rundweg eignet sich hervorragend für Inlineskater. Wieder zurück, sollten Sie sich einen zweiten Abstecher ins Wassertretbecken gönnen! Stadtkindern ist eine Stippvisite bei der Mariengrotte zu empfehlen, einem echten Wunderwerk: Das halbrunde Gemäuer in der Straße „An der Grotte" wurde 1959 von Hilda Ebbers und einigen Helfern als Dank dafür gebaut, dass die blinde Frau Ebbers nach einer Pilgerreise in einen belgischen Wallfahrtsort wieder sehen konnte.

Wasserräder

Deister Wasserräder
Bei Wennigsen (Deister), www.wennigsen.de. Anfahrt: vom Parkplatz Waldkater in Wennigsen (Deister) oder vom Parkplatz Wennigser Mark.
War hier vielleicht ein Zauberer am Werk? Das könnte man meinen, wenn man die Wasserräder knapp hundert Kilometer von Bielefeld entfernt am Bach entdeckt. Die rotierenden Meisterwerke wurden jedoch von Menschenhand geschaffen. Ein Zirkus, eine Windmühle, ein Bahnhof, eine Seilbahn, ein Hammerwerk, die Sesamstraße – Szenarien wie diese werden vom Wasser der Feldbergquelle bewegt. Kleine Kinder sind von den etwa 20 Wasserrädern begeistert. Erreichen kann man sie auf einem Deisterspaziergang. Wer es romantisch mag, bestellt beim Kutschunternehmen Lieker in Degersen eine Pferdekutsche (Tel. 05103-84 20/Preis Verhandlungssache). Die Wasserräder können kostenlos bestaunt werden, wer möchte kann eine Spende in die Sammelbüchse an der Quelle stecken. Geöffnet sind die Wasserräder von Ende April bis September.

XXS
Magazin
Ein Ratgeber für Eltern und Kinder
Fremdsprachen: Englisch im Vorschulalter
Gesundheit: ausgewogene Ernährung
Abenteuer auf See: Familienurlaub mit Costa Kreuzfahrten
Kinderzimmer: Möbel, die mitwachsen
Familie&Co
Die Familienzeitschrift
Foto: pixelio.de/Beata

English=fun!

Unsere Welt wächst immer enger zusammen. Das zeigt sich allein in Deutschland daran, dass jedes vierte Kind unter sechs Jahren in einer mehrsprachigen Umgebung aufwächst. Immer mehr Kitas und Schulen bieten daher auch zweisprachigen Unterricht an. Das ist Grund genug dafür, dass sich Eltern frühzeitig mit dem Thema Fremdsprachenlernen auseinandersetzen sollten. Hier gilt: Zu früh gibt es nicht! Denn die Anlage zum Spracherwerb ist uns, das belegen auch Hirnforschungen, schon in die Wiege gelegt. Je früher ein Kind beginnt, sich eine neue Sprache anzueignen, umso leichter fällt ihm dies. Es lernt im wahrsten Sinne des Wortes spielend.

Die Formel English=fun setzt diesen Anspruch ganzheitlich um. Wie das Kind im Spiel die Welt entdeckt, so wird auch die Sprache

mit allen Sinnen aufgenommen. Mit offenen Augen und Ohren, feinen Näschen und flinken Händen wird die neue Sprachwelt erkundet. Im Unterricht verbindet sich so beispielsweise das Erlernen von englischen Sätzen mit Bewegungsspielen, dem Holen bestimmter Gegenstände oder dem Singen von Liedern. So werden die Kinder ganz ohne Druck dazu motiviert, sich selbst auf Englisch zu äußern. Wie und mit welchen neuen Lernspielprodukten Sie den frühen Spracherwerb Ihres Kindes fördern können, erfahren Sie hier.

Völlig verhext

Die quirlige Hexe Huckla steckt in großen Schwierigkeiten. Mit ihrer Erfindung, einer magischen Sprachmaschine, möchte sie an einem Hexenwettbewerb in England teilnehmen. Der Wunderapparat hat es in sich, kann er doch die Sprache jedes beliebigen Tieres in eine gewünschte Fremdsprache übersetzen. Doch als Huckla ihre Erfindung noch einmal prüfen will, funktioniert sie nicht mehr. Gerade spuckte sie noch jede Sprache aus, und nun ist sie kaputt – ausgerechnet im Englischmodus!
Mr. Mouse, die Hausmaus von Huckla, könnte das Problem lösen, aber sie fordert dafür Stinkekäse. Und wenn Huckla etwas nicht ausstehen kann, dann ist das „stinky cheese“!
Wie das Abenteuer ausgeht, erfahren die Fans der kleinen Hexe in ihrem neuesten Buch „Huckla und

Illustration: Irmtraud Guhe

Spielerisch Englisch lernen

Diese Bücher unterstützen den Lernprozess Ihrer Kinder und bringen jede Menge Spaß:

Huckla und die total verrückte Sprachmaschine
ISBN 978-3-468-20721-1
€ 19,95
Englisch – keine Hexerei
ISBN 978-3-468-20725-9
€ 16,95
Huckla feiert Hexengeburtstag
ISBN 978-3-468-20726-6
€ 16,95
Mein erster Langenscheidt
ISBN 978-3-468-20731-0
€ 14,95
Fun für Kids – Englisch mit Witzen
ISBN 978-3-468-20750-1
€ 4,95
Der bunte Englisch-Rätsel-Spaß
ISBN 978-3-468-20740-2
€ 5,95
Der coole Englisch-Rätsel-Spaß
ISBN 978-3-468-20524-8
€ 5,95
Englisch mit Felix (CD-ROM)
ISBN 978-3-468-20703-7
€ 29,95
Krimis für Kids: Foul Play – Falsches Spiel
ISBN 978-3-468-20812-6
€ 6,95
Bildwörterbuch Türkisch
ISBN 978-3-468-20339-8
€ 9,95

die total verrückte Sprachmaschine". Beim Zuhören und Mitsingen der witzigen, zweisprachigen Songs auf der beigefügten Audio-CD lernen die Kleinen ganz nebenbei auch noch Englisch.

Hexen, Hasen und jede Menge Lernspaß

Vokabeln pauken und verstaubte Grammatiken sind Schnee von gestern! Wenn Kinder Sprachen lernen, dann darf eines nicht fehlen – und das ist der Spaß! Deshalb sind gute Lernmaterialien auch so konzipiert, dass der Lerncharakter in spannenden Geschichten, kniffeligen Aufgaben, lustigen Rätseln, Bastel- oder Spielideen und unterhaltsamen Liedern steckt. Hörspiele auf Audio-CDs oder Lernspiele auf CD-ROM bieten einen guten Einstieg ins Englische. Wenn dann noch eine waschechte Hexe und ein reiselustiger Kuschelhase zum Spielen mit der neuen Sprache einladen, gibt es kein Halten mehr!
Die rotmähnige Hexe Huckla und das aufgeweckte Langohr Felix sind die Stars der aktuellen Titel aus dem Hause Langenscheidt. Mit ihrer Hilfe können Kinder Englisch verstehen und sprechen lernen, selbst wenn sie noch nicht lesen können.
Dass Englischlernen auch ohne Hokuspokus funktioniert, zeigt die zauberhafte Hexe Huckla zusammen mit ihrer Freundin Witchy. Ihre Abenteuer in „Englisch – keine Hexerei" und „Huckla feiert Hexengeburtstag" garantieren als Bilderbuch mit Hörspiel eine unvergessliche Sprachreise.
Die Welt entdecken und dabei spannende Abenteuer erleben? Da ist natürlich der langohrige Weltenbummler mit der roten Fliege gefragt – Felix! Auf der aktuellen CD-ROM „Englisch mit Felix" startet der Kuschelhase zu einer interaktiven Entdeckungsreise durch verschiedene Länder und ganz nebenbei wird dabei noch Englisch gelernt. Klar, dass die Kinder bei dieser Tour um den Globus auch selbst aktiv werden können: Abenteuerliche Szenen, mitreißende Lieder, kniffelige Aufgaben und das original Felix-Quartett: „Tiere der Welt" laden zum Mitmachen und Mitspielen ein.
Wem das noch nicht genügt, der kann mit den „Englisch-Rätsel-Spaß"-Büchern knobeln was das Zeug hält. Jede Menge Kreuzworträtsel, Quizfragen, Such- und Ratespiele lassen garantiert keine Lan-

geweile aufkommen und dabei wird das Grundschulenglisch auch noch trainiert. Für die kleinen Spaßkanonen enthält „Fun for Kids“ englische Witze, Scherzfragen und Cartoons. Und die Allerkleinsten haben an den 1.000 lebendigen Fotos und Illustrationen in dem Wörterbuch „Mein erster Langenscheidt Englisch“ großen Spaß. Hier kann beim gemeinsamen Anschauen und Suchen mit den Eltern schon praktischer Wortschatz aus dem Alltag von Zwei- bis Vierjährigen geübt werden.

Was Eltern wissen sollten

Eltern können ihren Kindern vermitteln, dass ihnen selbst Fremdsprachen wichtig sind. Nutzen Sie also die Chance und lernen Sie eine Sprache neu oder frischen Sie sie wieder auf! Abgesehen vom Urlaub bieten Bücher, Filme und Musik gute Möglichkeiten für den Sprachkontakt.

Bei allem Engagement für die fremde Sprache ist es wichtig, dass Sie zu Hause die Muttersprache pflegen, die die Voraussetzung für das Fremdsprachenlernen bildet.

Das Lernen selbst sollte dem Kind Freude machen. Leistungsdruck führt im schlimmsten Fall nur dazu, dass Ihr Sprössling die Lust am Lernen und der neuen Sprache verliert. Seien Sie also nicht überrascht, wenn es zu Beginn des Sprachabenteuers einige Zeit braucht, bis Ihr Kind anfängt, in der fremden Sprache zu sprechen. Es versteht mehr, als es ausdrückt. Nicht anders verläuft doch auch der Erwerb der Muttersprache.

Um die Aufmerksamkeit Ihres Kindes zu erweitern, sind verschiedene Reize hilfreich. Das Anschauen und Anhören von Geschichten, das Lösen von Rätseln, Übungen und Bastelaufgaben beschäftigen alle Sinne Ihres Kindes. So kann es sich spielerisch und konzentriert dem Sprachenlernen widmen, ohne überfordert zu werden.

Angebote statt Verbote

Richtige Ernährung und viel Bewegung – das sind die wichtigsten Faktoren, die das Wohlbefinden und ein gesundes Wachstum unserer Kinder garantieren. Doch wie sieht eigentlich ein ausgewogener Speiseplan aus? Dürfen Kinder überhaupt nicht naschen? Wie bringen wir unseren Sprösslingen die richtigen Essgewohnheiten bei? Unsere Ernährungsexpertin Dr. Constanze Kriebel-Goldmann stand Rede und Antwort.

Naschen ist zwar nicht verboten, sollte sich aber in Grenzen halten

Dr. Constanze Kriebel-Goldmann arbeitet seit dem Jahr 2000 als beratende Ärztin für die BKK ESSANELLE. Sie ist Ärztin für Chirurgie. Zusätzlich hat sie sich in Ernährungsmedizin, suchtmedizinischer Grundversorgung, verkehrsmedizinischer Begutachtung und Qualitätsmanagement im Gesundheitswesen weiterqualifiziert.

Was genau ist eine ausgewogene Ernährung?

Ausgewogene Ernährung bedeutet z.B. das Befolgen der zehn Regeln der DGE (Deutsche Gesellschaft für Ernährung). Laut diesen Regeln sollte u.a. Folgendes auf dem Speiseplan stehen: fünfmal am Tag Obst und Gemüse, einmal in der Woche Fisch, mehrmals am Tag Getreideprodukte (vorzugsweise Vollkorn) und auch reichlich Kartoffeln. Milch und Milchprodukte sollten möglichst täglich verzehrt werden, Fleisch dagegen maximal dreimal pro Woche, Zucker und

Salz nur in geringen Mengen. Ausreichend trinken ist sehr wichtig.

Und wie viel Süßes ist da noch in Ordnung?
Süßigkeiten sind natürlich erlaubt, aber in Maßen. Bieten Sie Ihren Kindern lieber immer wieder Obst in mundgerechten Stücken an.

Müssen Kinder unbedingt fünf Mahlzeiten am Tag essen? Und wenn mein Kind nicht frühstücken will?
Sie müssen nicht unbedingt auf dieser Regel verharren, wichtiger ist, dass das Richtige gegessen wird, z.B. fünfmal am Tag Obst und Gemüse, natürlich der Größe und dem Alter des Kindes angepasst. Als Faustregel gilt: Eine Portion ist das, was in eine Hand passt. Die Ernährung eines Kindes sollte natürlich altersgemäß sein – Säuglinge haben andere Bedürfnisse als Kleinkinder. Jugendliche nähern sich im Essverhalten und im Nährstoffbedarf schon den Erwachsenen.
Es sollten eher Vollkornprodukte als Weißmehlprodukte gewählt werden, möglichst wenig Softdrinks. Frühstücksmuffel können vielleicht wenigstens einen Becher Vollmilch trinken. Achtung: Milch zählt als Nahrungsmittel und nicht als reine Flüssigkeit.

Das Gesundheits-Sparbuch für Kinder

Die BKK Essanelle hat eine tolle Initiative gestartet: Wer darauf achtet, dass seine Kinder gesetzliche Vorsorgeuntersuchungen wahrnehmen, wird von dieser Krankenkassse mit einem Bonus von bis zu 1.000 Euro belohnt. Der Bonus von je 50 Euro wird für ein bei der BKK Essanelle familienversichertes Kind auf ein persönliches Sparbuch eingezahlt, zinsbringend angelegt und kann ab dem 18. Lebensjahr in gesundheitsfördernde Maßnahmen investiert werden. Mehr Infos gibt's am kostenlosen Service-Telefon unter 0800-255 66 55, per E-Mail (info@bkk-essanelle.de) oder auf der Homepage der BKK Essanelle: www.bkk-essanelle.de.

Gesundes Gemüse sollte täglich auf dem Speiseplan stehen

Wie sieht ein gesundes und leckeres Pausenbrot aus?
Ein gesundes Pausenbrot sollte Kohlenhydrate enthalten, die kurzfristig den Hunger stillen. Ideal ist Vollkornbrot, z.B. mit Quark und Gurkenscheiben belegt oder auch mit fettarmer Wurst oder Käse, dazu zusätzlich ein Stück Obst. Viele Kinder mögen gern Joghurt, auch den kann man mit Früchten anreichern.

Haben Sie Tipps für Eltern, deren Kinder gerade eine Gemüseverweigerungsphase durchmachen?
Für Gemüsemuffel sind Suppen und Saucen gut geeignet, da kann man das Gemüse unterpürieren. Eltern können die Kinder z.B. zwei von drei Sorten Gemüse aussuchen oder selbst ein Gemüse als Beilage bestimmen lassen, das dann aber auch gegessen werden sollte. Wichtig ist, die Kinder mit einzubeziehen und immer wieder verschiedenes Gemüse in verschiedenen Formen anzubieten.

Wie wichtig sind warme Mahlzeiten?
Im Prinzip kann man sich auch ohne warmes Essen vollwertig ernähren. Es gibt aber Lebensmittel, die man nicht roh essen kann, z.B. Bohnen oder Kartoffeln. Auch ist es wichtig, den Kindern Spaß am Kochen zu vermitteln. Für viele gehört ein warmes Essen zur Esskultur dazu, möglichst mit schön gedecktem Tisch. Eine warme Mahlzeit dauert meist länger und gibt der Familie die Gelegenheit, sich miteinander auszutauschen. Solche Rituale sind für Kinder wichtig.

Wie viel und was sollten Kinder trinken?
Im Vergleich zu Erwachsenen brauchen Kinder im Verhältnis zur Körpergröße mehr Flüssigkeit: Kinder bis vier Jahre ca. 800 ml Flüssigkeit, bis zehn Jahre ca. 950 ml, ab 15 Jahren ca. 1,5 Liter.

Geeignet sind Mineralwasser, Saftschorlen, ungesüßte Tees, wenig Softdrinks. Hier gilt allerdings das Gleiche wie für Süßigkeiten: komplette Verbote sind eher kontraproduktiv. Viele Kinder trinken auch gern Milch, die aber, wie bereits erwähnt, als Nahrungsmittel zählt.

Die Zahl der übergewichtigen Kinder in Deutschland steigt rasant. Wie kommt es zu dieser Entwicklung?
Die Ursachen dieser Entwicklung sind vielschichtig. Zusätzlich zu den veränderten Essgewohnheiten z.B. ohne regelmäßige gemeinsame Mahlzeiten, kommt das Überangebot an fetten und süßen Speisen, die häufig verfügbar sind. Zudem bewegen sich die Kinder heutzutage weniger als noch vor 20 Jahren, was nicht zuletzt auch an den verschiedenen Möglichkeiten der Zerstreuung wie Fernseher, Computer oder Game Boy liegt. Ein Übriges tut die Motorisierung: Kinder werden heutzutage wesentlich häufiger mit dem Auto zur Schule gebracht als früher. Deshalb ist es so wichtig, von klein auf gesunde Ess- und Bewegungsgewohnheiten zu üben.

Wie geht man am besten gegen Übergewicht bei Kindern vor?
Von der Fachgesellschaft für Adipositas im Kindes- und Jugendalter wird ein multimodaler Ansatz empfohlen, d.h. ein Programm, bestehend aus den drei Säulen Ernährungstherapie (möglichst mit Kochen), Bewegung und psychologischer Unterstützung (Verhaltenstherapie). Ansprechpartner können hier Kinderärzte sein, die ja die regelmäßigen U-Untersuchungen durchführen.

Können Sie unseren Lesern ein Buch zum Thema Ernährung bei Kindern empfehlen?
Auf der Internetseite der Deutschen Gesellschaft für Ernährung (www.dge.de) finden sich viele Anregungen und Lektüretipps, speziell auch Informationen zur Kinderernährung.
Im Zweifelsfall sollte immer die Kinderärztin bzw. der Kinderarzt zu Rate gezogen werden.

Die beste Alternative zur Schokolade: frisches und saftiges Obst

Abenteuer Kreuzfahrt

Beim Anblick eines Kreuzfahrtschiffes denken viele spontan an unerschwinglichen Luxusurlaub für gut Betuchte und steife Umgangsformen. Weit gefehlt! Längst sind die Zeiten vorbei, in denen überwiegend Honeymooner oder Rentner an Bord waren. Die Familienfreundlichkeit wird von sehr vielen Kreuzfahrtenanbietern großgeschrieben. Grund genug für den Companions Verlag, Kreuzfahrten in die Reihe der Familien-Reiseführer aufzunehmen.

Familienfreundlich unterwegs

Mehrere Hundert Kreuzfahrtschiffe sind auf den Weltmeeren unterwegs, und jedes Jahr kommen neue hinzu. Von klassischen Schiffenüber Fun- und Relax- bis hin zur Luxusklasse – jeder findet ein Schiff nach seinem Geschmack. Luxus hin oder her – für den perfekten Familienurlaub sind eine ungezwungene Atmosphäre, kinderfreundliche Einrichtungen und Freizeitangebote sowie entsprechend geschultes Personal von größter Bedeutung. Alles sollte möglich sein und nichts Pflicht. Die Reederei Costa Kreuzfahrten hat Familien als Zielgruppe für sich entdeckt und die schönsten Schiffe ihrer Flotte zu familienfreundlichen Wohlfühloasen gemacht.

Bei Costa Kreuzfahrten wird Familienfreundlichkeit großgeschrieben

Costa Pacifica

Sind Sie Musikfan? Dann sind Sie an Bord der „Costa Pacifica“ bestens aufgehoben. Alles dreht sich hier um den Genuss für die Ohren. Doch Musik ist nicht nur hörbar, sondern auch sichtbar, egal wo Sie sich befinden: Gemälde, Skulpturen und Bronzegüsse von Musikinstrumenten unterstreichen das übergreifende Thema. Wundern Sie sich nicht, wenn Ihre Kinder für einen ganzen Tag verschwinden. Am Abend kommen

sie mit der ersten selbst aufgenommenen CD zu Ihnen mit dem festen Entschluss, einmal Popstar zu werden. Die „Costa Pacifica" ist weltweit das erste Kreuzfahrtschiff, auf dem den Gästen ein professionelles Tonstudio zur Verfügung steht. Weitere Highlights sind ein dreistöckiges Theater und eine 18 qm große Kinoleinwand auf dem Pool-Deck. Ganz etwas anderes bietet der Grand-Prix-Rennwagen-Simulator. Falls Papa oder Sohnemann Schumi-Fans sind, können sie dort in die Fußstapfen des Profis treten und ihre Fahrkünste unter Beweis stellen. Großes Thema an Bord der „Costa Pacifica" ist auch Wellness, der ganze 6.000 qm gewidmet sind.
Wer eine frische Meeresbrise bevorzugt, kann auf freien Decks im Jogging- bzw. Schritttempo seine Runden drehen oder auf dem Sportplatz z.B. Volleyball spielen. Freunde des nassen Elements können in diversen Außenwhirlpools und Schwimmbädern abtauchen – Kinder in den nur für sie bestimmten Swimmingpools.

Musik und Wellness spielen eine besondere Rolle auf der „Costa Pacifica"

Schiffs-ABC für kleine Seefahrer

Ahoi: Seemannsgruß.
Backbord: linke Seite des Schiffes (in Fahrtrichtung).
Brücke: Kommandozentrale, Arbeitsplatz des Kapitäns.
Bug: vorderer Teil des Schiffes.
Bullauge: rundes Fenster in einer Schiffskabine.
Deck: Stockwerk eines Schiffes.
Heck: hinterer Teil des Schiffes.
Kimm: die Linie, die am Horizont Wasser und Himmel verbindet.
Kombüse: die Schiffsküche.
Logbuch: ein Schiffstagebuch, in das alle wichtigen Ereignisse eingetragen werden.
Luk: Öffnung in der Schiffswand, eine Tür.
Reling: Geländer um das Schiffsdeck. Es schützt vor dem Überbordfallen.
Smut/Smutje: der Küchenchef auf einem Schiff.
Steuerbord: rechte Seite des Schiffes (in Fahrtrichtung).

Täglich in einem neuen Land

Landgänge sind ein besonderes Highlight jeder Kreuzfahrt. Innerhalb weniger Tage haben Sie die Gelegenheit, mehrere Länder zu besuchen und neue Kulturen kennenzulernen. Sie können aus dem breiten Angebot der organisierten Ausflüge wählen oder die Städte auf eigene Faust erkunden. Unser Familien-Reiseführer Kreuzfahrten steht Ihnen dabei zur Seite.

Neapel: zu Füßen des Vesuvs

Wenn Ihr Schiff sich dem Golf von Neapel in der italienischen Region Kampanien nähert, können Sie schon von weitem den 1.281 m hohen Vesuv erblicken. Keine Sorge, der Vulkan befindet sich seit 1944 in der Ruhephase! Bevor Sie im Hafen anlegen, sollten Sie die in die mittägliche Sonne getauchten Inseln Ischia, Procida und Capri aus der Meeresperspektive betrachten. Genießen Sie den Ausblick, es dauert noch eine gute halbe Stunde, bis Sie an Land gehen können!

Viele Sehenswürdigkeiten Neapels können Sie schnell vom Hafen aus zu Fuß erreichen. Gegenüber vom Hafen sehen Sie schon das mittelalterliche Castello Nuovo, auch Maschio Angioino genannt, eines der bekanntesten Bauwerke der Stadt. Es diente verschiedenen Königen als Festung und Residenz. Heute befindet sich hier das Museo Civico, in dem eine stadthistorische Sammlung ausgestellt wird **[Museo Civico, Piazza Municipio, Napoli, Tel. +39 (0)81 795 58 77. Geöffnet: Mo-Sa 9-19 Uhr]**. Ein paar hundert Meter weiter links hinter der Burg kommen Sie zum zentralen Platz Neapels, dem Piazza del Plebiscito mit dem Palazzo Reale (Königspalast) als Hingucker.

Haben Sie inzwischen Appetit auf eine neapolitanische Spezialität? Neapel gilt als der Geburtsort der Pizza und nur hier kann man eine echte Margherita oder Napoletana kosten! Eine sehr gute Adresse ist die 1780 gegründete Pizzeria Brandi in der Nähe des Piazza del Plebiscito **[Salita Sant'Anna di Palazzo 1, www.brandi.it]**. Es war der Pizzabäcker Esposito, der hier 1889 die weltbekannte Pizza Margherita erfunden hat.

Nördlich vom Platz geht's zu der bekanntesten Shoppingmeile Neapels, der langen Einkaufsstraße Via Toledo (Fußgängerzone). Eine halbe Stunde Fußmarsch (oder ca. 9 Min. mit dem Taxi) entfernt ist die Altstadt, die zum Weltkulturerbe der Unesco erklärt wurde. Besuchen Sie hier die Via San Gregorio Armeno, die Straße der Krippenbauer. Die Krippe (presepe) ist in Neapel viel wichtiger als der Tannenbaum und wird traditionell am 8. Dezember aufgestellt. Ihre Kin-

Hinter den Kulissen der Großstadt: die schmalen Gassen von Neapel

der werden ganz schön über die farbenfrohen, märchenhaften Figuren staunen. Abgebildet wird nicht nur die Heilige Familie, sondern das Alltagsleben der Menschen. Eine spaghettikochende Bäuerin neben den heiligen drei Königen ist also nichts Ungewöhnliches! Im Sommer 2011 ist die „Costa Serena" im westlichen Mittelmeer unterwegs und steuert u.a. den Hafen von Neapel an.

Das neue Opernhaus am Oslofjord eröffnete im April 2008

Oslo: nordisches Erbe

Am innersten Oslofjord, eingerahmt von bewaldeten Hügeln und schneebedeckten Bergen, liegt die Hauptstadt Norwegens. Die Götter Odin und Thor begrüßen Sie schon von den Reliefs an der Außenfassade des Rathauses (direkt am Hafen), in dem jedes Jahr der Friedensnobelpreis verliehen wird. Oslo ist eine der bedeutendsten Kulturstädte des Nordens, und eines der spektakulärsten Opernhäuser der Welt ist hier genau richtig am Platz. Das vom Architekturbüro Snøhetta entworfene und im April 2008 eingeweihte Gebäude steht am Oslofjord (ca. 10 Fußminuten vom Rathaus entfernt). Das Wikingerschiffmuseum auf der Museumsinsel Bygdøy (ca. 10 Min. mit dem Taxi) erklärt die Seefahrtkunst der Nordmänner – hier steht das größte und am besten erhaltene norwegische Wikingerschiff – ein Traum jedes kleinen Wickie-Fans **[Vikingskipshuset, Huk Aveny 35, Bygdøy, Oslo, Tel. +47 22 13 52 80. Geöffnet: Mai-Sep 9-18, Okt-April 10-16 Uhr]**. Ein Spaziergang durch den historischen Stadtteil Gamlebyen, wo die freigelegten Grundmauern der mittelalterlichen Siedlung zu sehen sind, erinnert an die Zeiten, als die Stadt noch Christiania hieß. Und wo wohnt eigentlich der König? Im Schloss natürlich, direkt an der Karl Johans gate **[Touristinformation Trafikanten, Jernbanetorget 1, Oslo, Tel. +47 (0)81 53 05 55, www.visitoslo.com]**.
Im Sommer 2011 wird die „Costa Atlantica" die norwegischen Fjorde besuchen und einige Stunden in Oslo vor Anker stehen.

Familien-Reiseführer Kreuzfahrten, 128 Seiten, komplett vierfarbig. Preis: € 12,80, ISBN 978-3-89740-654-4

Fotos: iStockphoto.com/Malia Chong, Shutterstock.com/Anne-Britt Sv nnset

Klassiker, die mitwachsen

Das norwegische Familienunternehmen Stokke® produziert seit 1932 Kindermöbel und -accessoires. Wir fragten Sales Manager Ingo Meinert nach dem Erfolgsrezept.

Der Tripp Trapp® von Stokke® ist bereits zu einem Klassiker geworden

Der Tripp Trapp® von Stokke® ist bereits zu einem feststehenden Begriff geworden. Was macht den Kinderstuhl zu einem solchen Klassiker?

In der Hauptsache die geniale Idee von Peter Opsvik. Bei der Entwicklung eines Kinderstuhles daran zu denken, dass Kinder wachsen, ist so einfach wie genial. Jeder, der einen Stokke® Tripp Trapp® hat, wird merken, wie wichtig eine Verstellbarkeit der Sitzhöhe und Sitztiefe für die perfekte Sitzposition ist. Das eigenständige und neutrale Design macht den Stuhl zeitlos. Wir haben seit über 35 Jahren daran keine Änderung vorgenommen, doch er wirkt trotzdem nicht alt. Natürlich muss man zusätzlich auch Anreize durch frische Farben und Accessoires schaffen. Wir passen den Tripp Trapp® immer wieder den neuesten Sicherheitsstandards und Trends an. So haben wir vor einigen Monaten ein neues Babyset für den Tripp Trapp® auf den Markt gebracht – die neuen Kissendesigns unterstreichen die aktuellen Trends.

Was macht Ihren Kinderwagen Xplory® so stylish, dass er sogar im Film „Sex and the City" eine „tragende" Rolle spielte?

Er ist stylish geworden, keine Frage. Aber davon abgesehen: Wir stellen sehr hohe Anforderung an unsere Produkte. Sie müssen Funktionen bieten, die sinnvoll sind. Natürlich ist der Kinderwagen ein gewisser Fashionartikel, aber uns reicht das eben nicht. Die Formgebung macht Sinn: Zum einen sorgt die hohe Liege- und Sitzposition dafür, dass man das Baby leicht erreichen kann, es die Nähe der Eltern spürt und dass es eine optimale Übersicht hat. Zum anderen ist die individuell anpassbare Schiebehöhe auch für Eltern geeignet, die nicht der Normgröße

Kinderwagen Stokke® Xplory® – der Trendsetter

Die Stokke® Produkte unterliegen alle demselben Leitgedanken: im besten Interesse des Kindes. Diesem folgt auch die neue Generation des Stokke® Xplory®. Die Sicherheit des Kindes hat oberste Priorität, das Design steht dem aber in nichts nach. Neue Farben und eine erweiterte Zubehörpalette komplettieren den flexibel einsetzbaren Kinderwagen.

entsprechen. Der Stokke® Xplory® ist außerdem leicht, wendig und hat viele zusätzliche Funktionen, die im Alltag helfen. Wenn dann auch noch das Design stimmt, dann erst ist es ein Stokke®-Produkt.

So stylish, dass er sogar eine „Rolle" in „Sex and the City" spielte: Xplory®

Kindermöbel sollen nicht nur praktisch und hübsch sein, sie sollen vor allem hohe Sicherheitsstandards erfüllen. Was muss man beachten?

Wichtig sind abgerundete Ecken und Kanten. Achten Sie auf Prüfsiegel. Stokke® arbeitet bei der Entwicklung von Produkten sehr eng mit den entsprechenden Instituten zusammen, um alle sicherheitsrelevanten Aspekte schon im Frühstadium berücksichtigen zu können.

Was muss ich beim Kauf eines Kinderbettes beachten, damit ich lange Freude habe?

Genau das ist unser Ansatz: Wachsen mit dem Kind! Unser Kinderbett Stokke® Sleepi™ startet als Minibett für die ersten sechs Monate. Es ist leicht zu manövrieren und behaglich für das Baby. Es ist ohne Probleme zum Kinderbett umbaubar und anschließend als Juniorbett nutzbar. Später kann man zwei Stühle oder ein Kuschelsofa daraus machen. In diesem Jahr feiert unser Stokke® Sleepi™ übrigens sein 10-jähriges Jubiläum. Dieses spricht für den Erfolg, welchen unser mitwachsendes Bett genießt. Ein echter Klassiker eben – wie auch unsere Stokke® Care™. Sie startet als Wickelstation und steht später als Regal oder Schreibtisch zur Verfügung. Achten Sie beim Kauf auf solche Funktionen, sonst geht das Wachstum Ihres Kindes (und Kinder wachsen schnell!) richtig ins Geld.

Auch die Bedürfnisse von Eltern müssen beim Kindermöbelkauf berücksich-

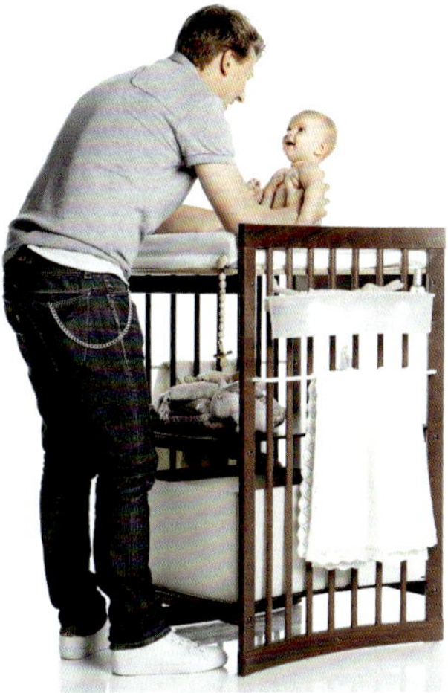

Stokke®-Möbel wachsen mit und verändern sich: Eine Wickelstation z.B. wird später zum Tisch

tigt werden. Worauf ist denn bei der Anschaffung einer Wickelkommode zu achten?

Zu achten ist auf die richtige Höhe. Wir haben Stokke® Care™ so entwickelt, dass zwei unterschiedliche Höhen zur Verfügung stehen. Der normale Kauf einer Wickelstation verläuft so, dass man im Geschäft probiert, welche Höhe einem persönlich am sinnvollsten erscheint. Doch wenn sich diese Höhe später in der Praxis als falsch erweist, hat man ein Problem. Bei uns kann man dann die Höhe verändern. Gerade große Personen sollten so etwas berücksichtigen.

Praktische und flexible Aufbewahrung ist besonders im Kinderzimmer wichtig. Wie sieht da der perfekte Kleiderschrank aus?

Mitwachsend in der Funktion und Optik. Stokke® Keep™ lässt sich aufbauen als Kleiderschrank mit unterschiedlichen Tiefen, als Raumteiler oder als zwei einzelne Elemente. Achten Sie auf eine regulierbare Höhe der Regale unter der Kleiderstange. Am Anfang hängen eben kürzere Kleider an der Stange als später. Der sonst entstandene Platz sollte nicht verschenkt werden.

Wo kauft man am besten Kindermöbel?

Ganz klar: im Fachhandel. Hier bekommen Sie eine auf Ihre Bedürfnisse zugeschnittene Beratung. Wir legen großen Wert auf Schulungen, sowohl um unsere Produkte zu forcieren, als auch um Kompetenz sicherzustellen.

Worauf muss man bei der Wahl der Farben achten, wenn man z.B. einem

Ein Klassiker: Tripp Trapp®

Den Tripp Trapp® gibt es bereits seit über 35 Jahren. Doch anstatt sich auf diesem Erfolg auszuruhen, betreibt Stokke® intensive Trendforschung. Es gibt neue Farben und außerdem erweitert das norwegische Familienunternehmen auch die Palette an angebotenen Stoffen für Sitzkissen und Rückenpolster. Damit haben Eltern nun noch mehr Gestaltungsmöglichkeiten.

Kinderbett einen individuellen, trendigen Anstrich verleihen möchte?
Farbige Kinderzimmer liegen im Trend. Wobei der Unterschied zwischen Jungen- und Mädchenzimmern mehr über Dekoration und Textilien definiert wird. Schön ist es natürlich, wenn wie bei Stokke® die Produkte schon in verschiedenen Farben angeboten werden.
Falls Sie ein älteres Kinderbett aufpeppen wollen, dann sollten Sie auf eine gute Vorbereitung des Holzes achten. Für den Anstrich sollten keine wasserlöslichen Lacke verwendet werden. Achten Sie auf Zertifikate und lassen Sie sich von einem Lackspezialisten beraten.

Wer Kinder hat, der entwickelt meist einen ganz anderen Blick auf die Zukunft und den Umweltschutz. Wie engagiert sich Stokke®?
Langlebigkeit ist ein sehr wichtiges Thema. Die meisten Ressourcen werden bei der Herstellung verbraucht. Unsere Produkte bleiben lange im Einsatz und werden innerhalb des Freundes- und Familienkreises oft „weitervererbt“. Zusätzlich achten wir auf sinnvolle Logistik und entsprechend verringerten CO_2-Ausstoß.

Weiteres können Sie unter www.stokke.com nachlesen.

Babys haben andere Bedürfnisse als Kleinkinder: Stokke®-Möbel passen sich an

STOKKE®

TRIPP TRAPP®
NEUES
Baby Set™

TRIPP TRAPP®

Der Stuhl, der mit dem Kind mitwächst.™

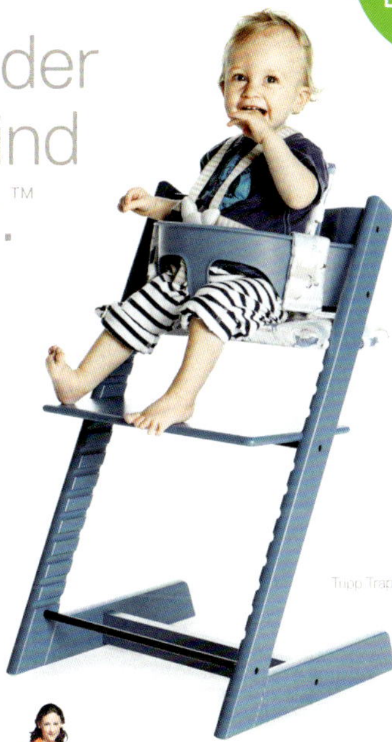

Tripp Trapp® design: Peter Opsvik

Mehr als 7 Millionen Tripp Trapp® sind bereits im Einsatz!

Der Tripp Trapp® ist ein ausgeklügelter Kinderhochstuhl, der so konstruiert wurde, dass Ihr Kind mit Ihnen gemeinsam am Tisch sitzt und direkt am Familienleben teilnimmt. Gleichzeitig ist dies der Stuhl, der mit dem Kind mitwächst, und selbst noch im Jugendalter genutzt werden kann. Sein intelligentes, ergonomisches Design ermöglicht Bewegungsfreiheit und fördert Spiel und Selbstständigkeit bei höchsten Sicherheitsstandards.

www.stokke.com

Stokke® **Growing together.**™

Eine Woche zu Füßen des Kaisergebirges

An der Grenze zwischen Tirol und Bayern liegt das 4-Sterne-Hotel Peternhof. Die grüne Alm, Wälder und Berge bieten sich im Sommer für Wanderungen an, märchenhafte, weiße Landschaften in der kalten Jahreszeit sind eine perfekte Kulisse für Wintersport und Schneevergnügen für die ganze Familie. Ob Ponyreiten und Toben auf dem Piratenschiff im Kinderschwimmbad oder Entspannung im Spa-Bereich sowie zahlreiche Wellness- und Sportangebote – große und kleine Urlauber kommen hier gleichermaßen auf ihre Kosten.

Hotel Peternhof, Moserbergweg 60, 6345 Kössen (Tirol/Österreich)
Tel. +43 (0)53 75-62 85, info@peternhof.com, www.peternhof.com

Nehmen Sie teil an unserer Leserbefragung und gewinnen Sie eine Woche Familienurlaub (2 Erwachsene und 2 Kinder) inklusive Halbpension, einer Pferdeschlittenfahrt (bei Einlösung im Winter) bzw. zweimal Ponyreiten pro Kind (bei Einlösung im Sommer) sowie diversen weiteren Angeboten des Peternhofes. Der Gutschein ist ein Jahr lang gültig.

Leserbefragung Kind in 2010

Seit 20 Jahren gibt es die „Kind in ...“-Buchreihe und wir bekommen regelmäßig Feedback von Lesern, Buchhändlern, Presse und Kooperationspartnern. Jetzt möchten wir Sie direkt fragen: Wie gefällt Ihnen der „Kind in ...“-Familienguide? Was hat sich bewährt, was könnte verbessert werden? Wir freuen uns, wenn Sie die folgenden Fragen beantworten, die Seiten ausschneiden und an uns zurücksenden.

COMPANIONS GmbH
„Kind in ...“-Redaktion
Rödingsmarkt 9
20459 Hamburg
Einsendeschluss ist der 30. September 2010.

Unter allen Einsendungen verlosen wir eine Woche Urlaub im 4-Sterne-Hotel Peternhof (siehe links).

FAKTEN:

Alter:
- ☐ bis 20 Jahre
- ☐ 20-29 Jahre
- ☐ 30-39 Jahre
- ☐ 40-49 Jahre
- ☐ 50-59 Jahre
- ☐ über 60 Jahre

Geschlecht:
- ☐ Mann
- ☐ Frau

Ausbildung:
- ☐ Universitäts- oder Fachhochschulabschluss
- ☐ Berufsausbildung
- ☐ Abitur
- ☐ Sonstiges

Derzeitige berufliche Situation:
- ☐ nicht berufstätig
- ☐ fest angestellt (Teilzeit)
- ☐ fest angestellt (Vollzeit)
- ☐ selbstständig

Haushaltsnettoeinkommen:
- ☐ bis € 1.500
- ☐ € 1.500-€ 2.500
- ☐ € 2.500-€ 3.500
- ☐ über € 3.500

Anzahl der Kinder im Haushalt:
- ☐ 1 Kind
- ☐ 2 Kinder
- ☐ 3 Kinder oder mehr

Alter der Kinder:
- ☐ 0-2 Jahre
- ☐ 3-5 Jahre
- ☐ 6-9 Jahre
- ☐ 10-13 Jahre
- ☐ 14 Jahre und älter

BEWERTUNG DES „KIND IN …"-FREIZEITGUIDES:

Nutzerschaft: „Kind in …" kommt einmal jährlich in aktualisierter Fassung in den Buchhandel. Ich kaufe den Guide

- ☐ zum ersten Mal
- ☐ alle 2-3 Jahre
- ☐ jedes Jahr

Nutzungshäufigkeit:
Ich nutze „Kind in …"

- ☐ wöchentlich
- ☐ monatlich
- ☐ 3-4-mal jährlich
- ☐ Sonstiges:

____

____

Zweit- und Drittleser:
In meiner Familie/in meinem Bekanntenkreis nutzen neben mir noch weitere Personen meinen „Kind in …"-Guide

- ☐ 1 weitere Person
- ☐ 2 weitere Personen
- ☐ 3 oder mehr weitere Personen

Medienverhalten:
Ich lese folgende Zeitschriften …

Familie&Co:
☐ jede Ausgabe ☐ ab und an ☐ nie

Eltern:
☐ jede Ausgabe ☐ ab und an ☐ nie

Eltern for family:
☐ jede Ausgabe ☐ ab und an ☐ nie

Kids go!:
☐ jede Ausgabe ☐ ab und an ☐ nie

Interessensgebiete:
Ich interessiere mich besonders für

- ☐ Ernährungs- und Gesundheitstipps
- ☐ Lernen & Bildung
- ☐ Sport & Fitness
- ☐ sonstige Themengebiete:

____

____

Gesamteindruck des Guides:
Ich finde „Kind in …"

- ☐ Sehr gut
- ☐ Gut
- ☐ Mittel
- ☐ Schlecht

Verbesserungsvorschläge und sonstige Anmerkungen:

____

____

____

____

____

____

____

____

____

____

____

____

____

SPASS UNTER DÄCHERN

Foto: Fotolia.com/Stock Foundry Images

MUSEEN

Hexen & Märchen

Deutsches Märchenmuseum

Am Kurpark 3, 32543 Bad Oeynhausen, Tel. 05731-14 34 10, museum@badoeynhausen.de, www.badoeynhausen.de.

Sie und Ihre Kinder lieben Märchen und alles, was damit zu tun hat? Dann sind Sie im „Deutschen Märchenmuseum" genau an der richtigen Stelle. Fans von Feen, Zauberern, Elfen, Hexen und Prinzessinnen treffen sich jeden ersten Freitag eines Monats ab 16 Uhr, um neue und alte, exotische und heimische Geschichten zu erzählen. In der Ausstellung staunen die meisten Kinder über die unzähligen Märchenbücher und -bilder, die zauberhaften Bilderbögen und wertvollen Porzellanfiguren. Die Kleinen können sofort mit einem Kasperlespiel beginnen, für die Größeren gibt es Rotkäppchen als Hightech-Version auf dem Computer.

Öffnungszeiten: Di-So 10-12 u. 14-17 Uhr. Eintritt pro Person € 0,50. Tipp: Fragen Sie nach den Kindergeburtstagsangeboten!

Hexenbürgermeisterhaus

Breite Str. 19, 32657 Lemgo, Tel. 05261-21 32 76, hexenbuerger meisterhaus@t-online.de, www.hexenbuergermeisterhaus.de.

Dieses Museum in der alten Hansestadt ist nichts für schwache Nerven – es ist, wie so vieles in Ostwestfalen-Lippe, einzigartig in seiner Art. Säulen zieren den Giebel des Gebäudes, und zwischen den Fenstern stehen Statuen, die den Besitzern des Hauses Glück bringen sollten. Eine Frau mit einer zerbrochenen Säule symbolisiert Stärke, eine andere mit einem Kreuz in der Hand steht für den Glauben. Ganz oben im Giebel ist Jesus mit der Weltkugel in der Hand zu sehen. Man könnte meinen, es handele sich um ein Haus der Nächstenliebe. Weit gefehlt: In diesem schmucken Haus hat vor einigen hundert Jahren ein Mann gelebt, der viele Menschen der Hexerei oder Zauberei bezichtigte und die armen Verfolgten dann verbrennen ließ.

Beim Anblick der schaurigen Folterinstrumente gruselt es alle großen und kleinen Besucher. Der Gebrauch von Daumenschrauben, einer Art Streckbank und des Folterstuhls wird bei der Führung anschaulich erklärt. Nach Anmeldung können Besucher zusätzlich einen interessanten Stadtrundgang zum Thema Hexenverfol-

gung in Lemgo machen. Restaurierungsarbeiten lassen das Hexenbürgermeisterhaus in neuem Glanz erstrahlen. Geöffnet: Di-So 10-17 Uhr.

Historische Museen

Adam-und-Eva-Haus
Hathumer Str. 7-9, 33098 Paderborn, Tel. 05251-882 35 01, www.paderborn.de/microsite/adam_eva.
Kinder können im Adam-und-Eva-Haus ganz leicht zu Regenmachern werden: Ein Knopfdruck genügt, und schon beginnt es, über dem Stadtmodell von Paderborn zu regnen. Die Wetterfrösche können zusehen, wie das Wasser versickert und aus den vielen Paderquellen und Brunnen wieder heraussprudelt. Die Pader ist übrigens der kürzeste Fluss Deutschlands. Viele Ausstellungsstücke aus der Geschichte und der Entwicklung der Stadt Paderborn sind im alten Fachwerkhaus aus dem 16. Jahrhundert untergebracht. Von der Frühgeschichte bis nach dem Zweiten Weltkrieg reicht die Zeitspanne der Sammlung. Im Mittelpunkt stehen die Menschen: Wie haben sie in Paderborn gelebt, welche Werkzeuge haben sie benutzt, wie wurden sie regiert, und was haben sie gemalt? Für Kids aus Paderborn und der Umgebung eine gute Gelegenheit, sich mit ihren Vorfahren auseinanderzusetzen.

Öffnungszeiten: Di-So 10-18 Uhr. Eintritt frei. In der Malstube gibt es Kunstkurse für Sechs- bis Neunjährige und Zehn- bis 14-Jährige (zehn Treffen von jeweils 90 Minuten Dauer). Die Kosten dafür betragen € 36.

Daniel-Pöppelmann-Haus
Deichtorwall 2, 32052 Herford, Tel. 05221-18 96 89, info@herforder-kunstverein.de, www2.herforder-kunstverein.de.
Beeindruckende Kirmesfiguren sind der Renner der historischen Ausstellung. Erinnern Sie sich an die großen Stars aus Plastik, die auf den Rummelplätzen immer in der Mitte der „Raupe" gestanden haben? In Herford leben seit Generationen viele Schaustellerfamilien, und einige machen sich seit kurzer Zeit auf die Suche nach alten Kirmesschätzen. Das Pöppelmann-Haus ist sowohl Heimatmuseum der Stadt als auch städtische Galerie mit ständig wechselnden Ausstellungen. Kinder können hier z.B. lernen, warum Herford gerade Herford heißt. Öffnungszeiten: Di-Sa 14-18, So 11-18 Uhr. Eintritt (gilt für Sonderausstellungen): Schüler € 2,50, Erwachsene € 4,50.

Diözesanmuseum
Markt 17, 33098 Paderborn, Tel. 05251-125 14 00, museum@erzbistum-paderborn.de, www.dioezesanmuseum-paderborn.de.
Christliche Kirchenkunst aus zehn Jahrhunderten ist im Erzbischöfli-

chen Diözesanmuseum zu bestaunen. Das ist überhaupt keine trockene Angelegenheit. Gerade für Kinder bietet das Museum ein äußerst lebendiges Programm. Geburtstagsgruppen können wählen: Möchten die Partylöwen lieber „Gold treiben“ oder „Kirchenfenster“ herstellen, ein buntes Mosaik nach altem Vorbild fertigen oder mit Ton arbeiten? Samstags von 15 bis 17 Uhr ist immer Kinderprogramm. Je nach Jahreszeit oder Sonderausstellung werden für verschiedene Altersklassen spannende und abwechslungsreiche Aktionen angeboten. Mal basteln die Kleinen mit Papier und Schere, mal begeben sich die Großen auf die Spuren berühmter Kirchenkünstler wie Marc Chagall. In den letzten Jahren machte das Museum in der Paderstadt immer wieder bundesweit auf sich aufmerksam: Es fanden bedeutende Ausstellungen über die Karolingerzeit und die Zeit des Investiturstreits im elften und zwölften Jahrhundert statt, zu denen mehrere Hunderttausend Besucher nach Paderborn kamen. Öffnungszeiten: Di-So 10-18 Uhr. Eintritt: Schüler € 1,50, Erwachsene € 2,50 (abweichende Preise bei Sonderausstellungen). Die Kurse kosten ca. € 3, manchmal kommt noch eine Materialgebühr dazu. Kindergeburtstage für Kinder von fünf bis zwölf Jahren kosten für max. zwölf Kinder € 35 inkl. Materialkosten. Das Programm dauert ca. zwei Stunden. Bitte vorher anmelden.

Historisches Museum
Ravensberger Park 2, 33607 Bielefeld, Tel. 0521-51 36 30, info@historisches-museum-bielefeld.de, www.historisches-museum-bielefeld.de.

Die ganze Bielefelder Innenstadt wurde aus der Vogelperspektive fotografiert und am Eingang als zehn Quadratmeter großer Fußboden ausgelegt. Kleine Spürnasen suchen natürlich erst mal ihr Zuhause, ihre Schule oder entdecken andere bekannte Ecken der Stadt. Auf Monitoren laufen tolle Filme zur Bielefelder Stadtgeschichte. Es geht u.a. um die Fahrrad- und Nähmaschinenproduktion oder die Erfindung des Puddingpulvers, das ein bekanntes Unternehmen aus der Stadt am Teutoburger Wald in alle Welt getragen hat. Auf Fahrrädern kann kind sich Infos erstrampeln, und hinter überdimensionalen Frackhemden, die man wie eine Jalousie hochziehen kann, ist die Geschichte der Leinenweber versteckt. Wie es in Bielefeld im Jahre 1928 ausgesehen hat, können Besucher in einer alten Straßenbahn erleben. Infomaterial und Arbeitsblätter für Führungen und Museumsrallyes gibt es zusätzlich auf der Internetseite des Museum. Jeden dritten Donnerstag im Monat ist Kindernachmittag im Museum. Die themenbezogenen Spiele und Aktionen sind für Sechs- bis Zwölfjährige geeignet, und ganz nebenbei wird Geschichte zum Lieblingsfach (Eintritt € 1,50). Ein

Staunende Entdecker im Museum

Foto: Fotolia.com/Stock Foundry Images2

Fundus verschiedener Themen steht für Kindergeburtstage im Museum zur Verfügung. Stattfinden kann zum Beispiel eine Märchenstunde am Spinnrad oder ein etwas aktiveres Programm rund um das Thema Fahrrad. Kosten der gar nicht angestaubten musealen Fete: € 40 (zzgl. Eintritt).
Für Kindernachmittage und Geburtstage gilt: Unbedingt telefonisch anmelden!
Öffnungszeiten: Mi-Fr 10-17, Sa/So 11-18 Uhr. Eintritt: Kinder € 2, Erwachsene € 3 (bei Sonderausstellungen jeweils € 1,50 mehr).

Leineweber- und Trachtenmuseum

Kleinestr. 11, 33738 Rheda-Wiedenbrück, Tel. 05242-473 35, info@leinewebermuseum-rheda.de, Kontakt: Familie Blomberg, www.leinewebermuseum-rheda.de.
Wie wird aus Flachs ein schöner Stoff? Weshalb war Rheda-Wiedenbrück in früheren Tagen ein

bedeutender Standort für die Leinenweberei? Besucher des Leinewebermuseums im Stadtteil Rheda kennen die Antworten nach einem unterhaltsamen und lehrreichen Bummel durch die Ausstellungsräume. Die Besitzer des privaten Museums zeigen auf zwei Etagen alles, was wichtig war für die Verarbeitung der Flachspflanze, die Grundlage für die Stoffe ist. Handwerksgeräte gehören ebenso dazu wie ein durch seine Größe höchst imposanter Webstuhl, der noch heute funktioniert. Für Kinder meistens kaum zu glauben ist der Weg von der groben Pflanze zum frisch gestärkten und reich gefältelten Kleid. Geöffnet: Di-Fr 10-12 u. 14-18, Sa/So 10-18 Uhr. Eintritt: Kinder € 0,30, Erwachsene € 0,51. Führungen möglich, Gruppen sollten sich vorher anmelden.

Lippisches Landesmuseum

Ameide 4, 32756 Detmold, Tel. 05231-99 25-0, info@lippisches-landesmuseum.de, www.lippisches-landesmuseum.de.

Haben Sie schon mal einen Süßwassersaurier namens Mesosaurus brasiliensis gesehen? In der Mittelmühle des sieben Gebäude umfassenden Landesmuseums ist ein versteinertes Exemplar ausgestellt. Weitere Höhepunkte in der naturhistorischen Abteilung sind die beiden großen Aquarien mit Barschen und Hechten aus dem fernen Afrika. Einen interessanten Kontrast dazu bietet die Ausstellung im zweiten Obergeschoss des Hauses Ameide. Die dort ausgestellte Mumie ist 2.800 Jahre alt und stammt aus dem Land der Pharaonen, aus Ägypten. Verpackt und bemalt ist das schaurige Exponat in einer Form, die stark an einen Pharao erinnert. Viele der Ausstellungsstücke sind frühere Mitbringsel von Kaufleuten aus Lippe, die einst in Übersee Geschäfte gemacht haben. Die heimische Kunst kommt nicht zu kurz. Im Kornhaus sind echte lippische Trachten und edle Ballkleider aus Seide ausgestellt, und im Backhaus kann gleich eine ganze Schmiede besichtigt werden. Aktionswochen für Kinder sind im Jahresprogramm immer mal wieder zu finden und werden in der Tagespresse angekündigt. Öffnungszeiten: Di-Fr 10-18, Sa/So 11-18 Uhr. Eintritt: Kinder € 1,50, Erwachsene € 4,50, Familien € 9. Geänderte Preise bei Sonderausstellungen.

Mindener Museum

Ritterstr. 23-33, 32423 Minden, Tel. 0571-972 40 10, museum@minden.de, www.museen-minden.de.

Die Vergangenheit wurde kräftig entstaubt: Im Mindener Museum können angemeldete Kindergruppen per Suchspiel zu einer kostenlosen Reise durch die lokale Geschichte der Weserstadt starten. In den Oster- und Sommerferien finden für Kinder ab zehn Jahren regelmäßig Rallyes durch Minden statt, an denen ohne Anmeldung und ebenfalls zum Nulltarif teilgenommen werden kann. Für modebewusste kleine Damen und Herren gibt es ein ganz besonderes Programm: „Mode in Minden“. Nachdem man eine Menge über die Kleiderordnungen der vergangenen hundert Jahre gehört hat, kann dann jeder selbst in die Klamottenkiste greifen. So lässt sich herrlich Geburtstag feiern oder ein toller, unvergesslicher Klassenausflug gestalten! Öffnungszeiten: Di-So 11-17 Uhr. Eintrittspreise: Schüler € 1, Erwachsene € 2. Übrigens ist im Mindener Museum eine Dauerausstellung mit dem Titel „Kaffeemuseum“ untergebracht.

Museum Huelsmann

Ravensberger Park 3, 33607 Bielefeld, Tel. 0521-51 37 67, info@museumhuelsmann.de, www.museumhuelsmann.de.

Wer auf wertvolle Einrichtungsgegenstände aus vergangenen Jahrhunderten steht, der ist im Museum Huelsmann genau richtig. In der Kunstgewerbesammlung der Stadt Bielefeld sieht es aus wie in einer Schatzkammer: Feinste Goldschmiedearbeiten, verzierte Pokale, Kannen, Leuchter – alles wurde aus edelsten Materialien gefertigt. Kein Wunder, dass viele Bielefelder das Museum nutzen, um sich in diesem Ambiente von einem Standesbeamten trauen zu lassen. Das Glaskabinett ist mit gebotener Vorsicht zu genießen, damit es einem nicht so geht wie dem Elefanten im Porzellanladen. Doch übertriebene Vorsicht ist nicht nötig: Die Sammlung ist überschaubar und sicher aufgebaut. Die Abteilung mit den Sonnenuhren lässt vor allem Kinderherzen höher schlagen: Wie funktioniert das? Zum besseren Verständnis werden ab und zu Familientage angeboten, auf denen alles ganz genau erklärt wird. Beim Quiz-Rundgang muss kind schon genau hinschauen, und in der anschließenden Sagenstunde kann man mit Helden und Bösewichten leiden oder triumphieren. Bei Kindergeburtstagen gibt es

Angebote wie die Quizführung (7-14 J.) für € 45 oder Märchenhören mit Dias (5-12 J.) für € 65. Eintritt: Kinder (ab 6 J.) € 3, Erwachsene € 5, Familien € 10, bei Sonderausstellungen Aufschlag. Öffentliche Führung Sa 11.30 Uhr. Öffnungszeiten: Di-Sa 14-18, So 11-18 Uhr.

Widukind-Museum
Kirchplatz 10, 32130 Enger, Tel. 05224-91 09 95, info@widukind-museum-enger.de, www.widukind-museum-enger.de.
Als der fromme Sachsenherzog Widukind alt wurde und an das Sterben dachte, war sein größter Wunsch, in einer Stadt mit ordentlicher Kirche begraben zu sein. Die Orte Bünde, Enger und Rheme fingen an, jeweils ein eigenes Gotteshaus zu bauen. Die Engeraner waren durch einen Trick zuerst fertig – sie verzichteten beim Bau zunächst auf den Kirchturm. Deshalb soll Widukind der Legende nach hier begraben liegen. Der Turm wurde dann nachträglich neben die Kirche gebaut. Diese und viele weitere Geschichten über den Führer der Sachsen sind im Museum bei der Kirche zu hören. Wissbegierige Kids können außerdem alles über die Sachsenkriege erfahren, die vor über tausend Jahren stattgefunden haben. Und wer wissen will, warum in Enger jedes Jahr das Timpkenfest gefeiert wird, erhält ebenfalls die Antwort. Das Museum wurde 2006 neu eröffnet, nachdem es nach fünfjähriger Planungs- und Umbauphase komplett überarbeitet wurde. Öffnungszeiten Di-Sa 15-18, So 11-18 Uhr. Eintritt: Kinder (bis 6 J.) frei, Erwachsene € 3, ermäßigt € 1, Gruppen (ab 10 Pers.) € 2, Familienkarte € 6, (Kinder-)Führungen nach Voranmeldung (auch außerhalb der Öffnungszeiten) € 25 zzgl. Eintritt. Führungen durch Enger und zum Grabmal können jederzeit gebucht werden.

Kunst & Kultur

Kunsthalle Bielefeld
Artur-Ladebeck-Str. 5, 33602 Bielefeld, Tel. 0521-32 99 95 00, info@kunsthalle-bielefeld.de, www.kunsthalle-bielefeld.de.
Es ist Samstagmorgen, und Ihr Kind hat noch nichts vor? In der Bielefelder Kunsthalle, einem der bedeutendsten Kunstmuseen der Region, wird von 10 bis 12 Uhr ein Programm für Sechs- bis Zwölfjährige geboten. Es kann gemalt, gestaltet und nach dem kleinen Künstler gesucht werden, der – vielleicht ganz tief – in jedem Kind steckt. „Gearbeitet" wird zu Themen der laufenden Ausstellungen. Kosten: € 4. In der schulfreien Zeit bieten die Pädagogen die ganze Woche über einen umfangreichen Ferienspielplan an. Jeweils Di bis Fr von 10 bis 12 Uhr vertiefen sich angemeldete Kindergruppen in ein spannendes Thema – natürlich immer angeregt von einem Werk in der Ausstellung.

Foto: Fotolia.com/ChGuss

Achtung, hier geht's lang zur Führung im Museum

Das können die Geister im Teufelsmoor sein oder die Skulpturen, die im Außenbereich stehen. Außerdem werden regelmäßige Aktionen angeboten. Viele Kids haben Spaß am Töpfern oder Drucken. Diese künstlerischen Ausdrucksformen werden in den Malkursen angeboten. Vorlage oder Bezugspunkt sind immer Originale aus der Ausstellung. Die auf kreativen Geburtstagsfesten in der Kunsthalle entstandenen Werke können mit nach Hause genommen werden. Zusätzlich werden Ferienprogramme angeboten. Öffnungszeiten: Di, Do, Fr, So 11-18, Mi 11-21, Sa 10-18 Uhr. Eintrittspreise Besichtigung: Kinder € 2-5, Erwachsene € 7, Familien € 14.

Museum Halle
Kindheits- und Jugendwerke bedeutender Künstler Kirchplatz 3, 33790 Halle (Westfalen), Tel. 05201-103 33, info@museum-halle.de, www.museum-halle.de.
Dieses ungewöhnliche Museum ist von innen und außen schön. In dem uralten Bruchsteinhaus sind die „Anfänge der Kunst“ zu sehen. Diese Charakterisierung kann ruhig wörtlich genommen werden. Was hat z.B. van Gogh mit fünf Jahren gemalt? Die Kindertage bedeutender Künstler, über die in Büchern oft wenig bis gar nichts zu finden ist, werden zu Beginn einer Besichtigung ausführlich beleuchtet. Dann können die jungen Besucher selbst kreativ werden,

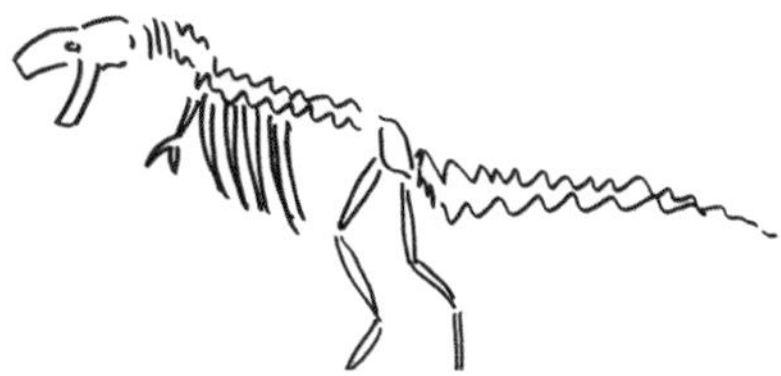

denn vielleicht wird aus ihnen in den nächsten Jahren einmal ein bedeutender Maler oder eine bedeutende Malerin. Denn nach einem ersten „Waaas? Das hat der mit zwölf Jahren gemalt? Das kann ich nicht!“, reizt es die Kids doch, mal ihr eigenes Talent zu erproben. Die begleitenden Eltern kommen nicht zu kurz. Wer weiß, vielleicht stellen sie im Museum fest, dass ihr Kleiner doch schon ein ganz großer Künstler ist. Öffnungszeiten: Do-So 10-17 Uhr. Eintritt: Kinder (ab 6 J.) € 3, Erwachsene € 5. Di und Mi nur für angemeldete Gruppen.

Kuriose Museen

Deutsches Tabak- und Zigarrenmuseum
Fünfhausenstr. 8-12, 32257 Bünde, Tel. 05223-79 33 00, infoservice@museum-buende.de, www.museum-buende.de.
Vor nicht allzu langer Zeit gab es in Bünde fast keine Familie, die nicht vom Zigarrendrehen gelebt hat. Um das Überleben zu sichern, mussten sogar die Kinder mitarbeiten. Im Tabakmuseum mitten in der Bünder Innenstadt

ist eine Fabrikationshalle aus dem 19. Jahrhundert zu sehen, um die Geschichte des Tabaks beispielhaft nachzuvollziehen. Haben Sie gewusst, dass Tabak ursprünglich eine Medizinpflanze war? Oder dass die größte Pfeife der Welt in Bünde steht? Ab dem Spätherbst 2010 eröffnet das Museum mit einer neuen Dauerausstellung.

Deutsches Fächermuseum
Am Bach 19, 33602 Bielefeld, Tel. 0521-641 86, www.bielefeld.de. Mächtige Herrscher in exotischen Ländern haben stets darauf geachtet, dass ihnen nicht zu warm wurde. Frühe Darstellungen von Fächern sind aus dem alten Ägypten bekannt. In der Hand gehaltene Fächer finden sich in Europa ab dem 16. Jahrhundert. Für eine frische Brise sorgte in höheren Kreisen das Personal mit dem großen Palmwedelfächer, der gemächlich auf und ab geschwungen wurde. Das einfache Volk musste entweder schwitzen oder selbst fächeln. Aber was uns heute nur noch von Gemälden, Fotos oder aus Filmen bekannt ist, wird in Bielefeld wieder zum Leben erweckt. Über viele Jahrhunderte hinweg hatten Fächer die verschiedensten Bedeutungen. Neben dem Luxus- und Prunkobjekt, das nur der benut-

Ein Besuch im Museum ist wie „Abtauchen“ in eine andere Welt

Foto: Fotolia.com/FK.Anisko

zen konnte, der zumindest eine Hand frei hatte, diente er auch als „Zeitung“. Die erste Ballonfahrt wurde z.B. so dokumentiert: Start-, Flug- und Landephase wurden akribisch genau auf dem Fächer abgebildet. Zu jedem der ausgestellten Fächer gibt es eine interessante Geschichte. Und das Ehepaar Barisch ist immer bereit, sie alle zu erzählen. Die Liebe steckt wirklich im Detail – für tobefreudige Kids ist das wohl nichts. Aber kleine Ladys, die von Kaiserin Sissi fasziniert sind, können einen Fächer sehen, den die mythenumrankte Herrscherin persönlich in der Hand gehalten hat. Natürlich wird gezeigt, wie man Fächer herstellt. Zu Hause kann dann ein individuelles Modell gebastelt und damit große Dame und Prinzessin gespielt werden. Öffnungszeiten: Mi, Do 14.30-17.30 Uhr. Eintrittspreis pro Person € 3, Führung € 30.

Korbmachermuseum Dalhausen
Lange Reihe 23, 37688 Beverungen (Dalhausen), Tel. 05645-18 23, www.korbmachermuseum.de. Anfahrt: von Höxter B83 bis Beverungen, B241 Ri. Borgentreich.
Wer schon einmal mit Peddigrohr gearbeitet hat, weiß, dass es spätestens bei der zehnten Flechtreihe schwierig wird, genau die Form zu halten, die man sich eigentlich vorgestellt hat. Sonst wird der Korb krumm und schief. Bis zu ihrer Verdrängung durch Produkte aus Draht und Kunststoff waren rohrgeflochtene Körbe ein Gebrauchsgegenstand in Landwirtschaft und in vielen Haushalten. Im Korbmachermuseum im Kreis Höxter zeigen echte Profis, wie ein Korb geflochten wird. Noch heute werden Auftragsarbeiten erledigt, es handelt sich also nicht um eine reine Museumsflechterei. Im Dorf wohnen fast ausschließlich Familien, die früher vom Flechten gelebt haben. Weil man damals noch viel mehr Körbe brauchte – es gab ja noch keine Hartschalenkoffer oder Nylontaschen – hatten die Bewohner Dalhausens immer gut zu tun. Bis das Plastik kam. Sie fragen sich, was man alles aus Weide flechten kann? Lassen Sie sich überraschen. In der Werkstatt wird den interessierten Besuchern gezeigt, wie's geht. Eintritt: Kinder (6-16 J.) € 0,50, Erwachsene € 1. Öffnungszeiten Museum: April-Okt Di-Fr 14-17, Sa/So 10-12.30 u. 14-17 Uhr. Öffnungszeiten Werkstatt: Di-Fr 14-17.

Kutschenmuseum
Steinweg 13 (am Schloss), 33378 Rheda-Wiedenbrück, Tel. 02944-584 41, info@schloss-rheda.de, www.schloss-rheda.de.
Bevor das Automobil erfunden wurde, war es sicher viel gemütlicher zu reisen. Wer das glaubt, ist auf dem Holzweg. Die Passagiere in einer Kutsche wurden ganz schön hin und her geschüttelt. Das Kopfsteinpflaster in vielen Städten war nichts für einen empfindlichen Po, auch wenn es etwa ab dem Jahr 1800 gefederte Modelle gab. Ungefähr aus dieser Zeit stammen die Kutschen im Museum von Schloss Rheda. Zu sehen sind Exemplare mit kleinen Laternen, die wie Blinker außen angebracht sind, rollende „Wohnzimmer“ aus edlen Hölzern, wie es sich für adlige Familien geziemte, und Luxusvarianten mit wertvollster Ausstattung. Sogar versenkbare Türscheiben gab es schon, auch wenn feine Damen früher nicht einfach hinaus schauen und sich den Wind um die Nase wehen lassen konnten. Man reiste damals aus Diskretionsgründen mit den sogenannten Incognito-Tafeln. Das sind Holzverkleidungen mit ganz winzigen Lichtlöchern, die als Fenster dienten. Neben den aufwendig restaurierten Kutschen sind antike Schlitten zu bewundern. Moderne Kinder, die heutzutage auf windschnittigen Plastikscheiben den Berg runtersausen und Autofahren als Selbstverständlichkeit ansehen, können sich bestimmt nicht vorstellen, dass diese Fortbewegungsmittel im Winter benutzt wurden. Spannend ist die kleine Spielzeugsammlung. Eine Führung durch das Museum, zu der auch die Schlossbesichtigung gehört, dauert ungefähr anderthalb Stunden. Öffnungszeiten: Besuch nur mit Voranmeldung und Gruppen ab zehn Personen, Eintritt: Kinder € 3,50, Erwachsene € 7.

Stadtmuseum Gütersloh
Kökerstr. 7-11a, 33330 Gütersloh, Tel. 05241-266 85, info@stadtmuseum-guetersloh.de, www.stadtmuseum-guetersloh.de.

Im Museum kann man einmal um die ganze Welt reisen

Hinter dem nicht sehr aufregend klingenden Namen „Stadtmuseum“ verbirgt sich neben der historischen Abteilung vor allem eine spannende Sammlung zur Medizingeschichte. Wer nicht in Ohnmacht fällt, wenn er eine lange Spritze sieht, kann hier auf große Entdeckungsreise gehen. Mit den gruseligen Apparaturen, die man auf keinen Fall am eigenen Körper ausprobieren möchte, sind die Menschen früher tatsächlich behandelt worden. Zudem gibt's eine alte Apotheke mit Schubfächern, Flaschen und geheimnisvollen Mixturen zu sehen. Kinderführungen und Geburtstagsfeiern sind möglich. Geöffnet: Di-Fr 14-17, Sa/So 11-17 Uhr, Eintritt: Kinder € 1,50, Erwachsene € 2,50.

Naturkunde

Naturkundemuseum im Marstall

Im Schlosspark 9, 33104 Paderborn (Schloss Neuhaus), Tel. 05251-88 10 52, naturkundemuseum@paderborn.de, www.paderborn.de.
„Finger weg!“ Dieses rigide Verbot kann im Naturkundemuseum auf dem früheren Gelände der Landesgartenschau in Paderborn getrost vergessen werden. Das Konzept ist ganz auf kindliches Entdecken, Forschen und Erleben der Natur ausgerichtet. Die Forscher von morgen finden jede Menge Stoff, um ihren Wissensdurst zu stillen. Per Knopfdruck grunzt das ausgestopfte Wildschwein, das Eichhörnchen

schnalzt, und der Eichelhäher ruft. In einer nachgebauten Höhle wird in schummriger Atmosphäre alles über Fledermäuse erzählt – natürlich sind ein paar Exemplare ausgestellt. Beim näheren Hinsehen sind die kleinen Tierchen gar nicht mehr so angsteinflößend. Ein echter Bienenstock mit lebendem Volk und mehrere Aquarien machen das Museum zu einem quirligen Erlebnisraum für alle Generationen. Was alles auf, unter und im Erdboden kreucht und fleucht, aber so klein ist, dass wir es meist nicht wahrnehmen, kann in einem großen Schrank mit ganz vielen Schubladen entdeckt werden. Nicht immer löst der Anblick von Käfern, Motten oder Kakerlaken reine Sympathie aus. Nicht nur Kids lassen manchmal vor Entsetzen die Kinnlade fallen. Aber keine Angst: Diese „Ekel"-Tiere sind nicht lebendig, und unter der Lupe oder dem Mikroskop betrachtet, sind sogar viele interessante Einzelheiten zu entdecken. Hat man sich alles genau angesehen, fällt es ganz leicht, die Fragen der Museumsrallye zu beantworten. Zudem gibt es noch ein Museumsquiz, verschiedene Museumsfragebögen und witzige Bilderrätsel (Eltern bekommen die Lösungsbögen, aber nicht schummeln!). Öffnungszeiten: Di-So 10-18 Uhr. Der Eintritt ist frei. Direkt gegenüber liegt das Historische Museum. Auch dort gilt: Bitte eintreten – Sie brauchen nicht zu bezahlen.

Wald- und Forstmuseum

Kursstr. 7, 32689 Kalletal (Heidelbeck), Tel. 05264-51 09, robert.keiser@t-online.de (Museumswart Robert Keiser), www.kalletal.de. Anfahrt: A2 Abf. Exter Ri. Hohenhausen, Asendorf, Heidelbeck.

„Ich glaub', ich steh' im Wald", wird mancher Steppke denken, der die vielen präparierten Tiere betrachtet, die im Wald- und Forstmuseum in Kalletal in ihrem nachgeahmten natürlichen Umfeld gezeigt werden. Einige existieren leider nur noch in dieser konservierten Form – sie sind längst ausgestorben. Natürlich geht es in einem Waldmuseum auch um Bäume. Kleine Botaniker erfahren, wie sie gepflanzt, gepflegt und gefällt werden. Der Holzbearbeitung mit Geräten wie Axt und Motorsäge ist eine ganze Abteilung gewidmet. Wer wissen möchte, wie schwierig es war, mit einer Armbrust das Essen für die Familie zu erlegen, begibt sich in die Abteilung zum Thema „Jagd". Fragen über Sinn oder Unsinn der Jagd

werden hier von Fachleuten beantwortet. Öffnungszeiten: Sa, So, feiertags 10-18 Uhr. Eintritt: Kinder (ab 4 J.) € 0,50, Erwachsene € 2.

Schulmuseum

Schulmuseum Büren
Kleffnerstr. 4, 33142 Büren,
Tel. 02951-938 50, www.bueren.de.
Anfahrt: A44 Abf.60 (Büren).
„Schule? Nein danke!", rufen viele Kinder in ihrer Freizeit aus. Aber zum Glück muss in Büren die Schulbank gar nicht gedrückt werden. Es wird vielmehr anschaulich dokumentiert, wie sehr sich das Schulsystem verbessert hat. Im Süden des Kreises Paderborn geht es um die Schule aus Großmutters und Urgroßmutters Zeiten. Die Kinder von heute bekommen das Gruseln, wenn sie hören und hier schwarz auf weiß sehen, wie es in grauer Vorzeit in den Klassenzimmern der Lehranstalten zuging. Einen Rohrstock gibt es zum Glück nicht mehr in der Schule. Den Erwachsenen fallen beim Anblick der Zeugnisse und der harschen Bemerkungen die großen und kleinen Schandtaten ein, die sie früher angestellt haben. Zudem bekommen die Besucher einen Einblick in ein Klassenzimmer aus der Kaiserzeit, in dem alle Kinder zwischen sechs und 16 Jahren in einem Raum unterrichtet wurden. Da ging es manchmal ganz schön durcheinander! Zum Kramen in der eigenen Schulvergangenheit ist ein Besuch in diesem Museum bestens geeignet. Die Kinder werden zwar nicht vor Ehrfurcht erstarren, aber vielleicht werden sie – zumindest in den nächsten Tagen – wieder ganz gern in „ihre" Schule gehen. Kleiner Nachteil: Für eine Besichtigung muss man sich mit anderen Eltern zusammentun, denn es können sich für den Besuch im Museum nur Gruppen anmelden – einfach rechtzeitig buchen. Geöffnet: nur nach Vereinbarung. Eine „antike Unterrichtsstunde" für 20-50 Personen kostet ca. € 25.

BÜHNE, LEINWAND & MANEGE

Kinderkino

Wenn im großen Saal das Licht ausgeht und nur noch das Knistern und Knuspern von Popcorn zu hören ist, dann ist es so weit: Der Film geht los. Kinderfilme müssen vielen Ansprüchen gerecht werden. Sie sollen zum Beispiel pädagogisch sein – aber bitte nicht mit dem erhobenen Zeigefinger. Zwar nicht die neuesten Blockbuster, aber dafür ausgesuchte Kinderfilmklassiker werden in den folgenden Kinos gezeigt. Die drei erstgenannten Lichtspielhäuser planen gemeinsam.

Bambi und Löwenherz
Bogenstr.3, 33330 Gütersloh, Tel. 05241-23 77 00, bambikino@t-online.de, www.bambikino.de.
In Kooperation mit Medienpartnern wie dem Medienzentrum Gütersloh, dem Institut für Kino und Filmkultur bietet das „Bambi und Löwenherz“ Sondervorstellungen zu individuellen Zeiten und fairen Preisen an. Hier wird ebenfalls das Konzept „Lernort Kino“ groß geschrieben. Einführungen, Gespräche und Unterrichtsvorbereitungen sind in vielen Fällen Bestandteile der Veranstaltungen. Buchungen sind jederzeit auch für kleine Gruppen möglich – für etwa € 3 pro Person. Zu ausgewählten Filmen gibt es als besonderen Service kostenlos Filmhefte zum Herunterladen auf der Kino-Website. Rufen Sie für Reservierungen vor Ort an: Mo, Mi oder Do zwischen 10 und 13 Uhr oder schreiben Sie eine E-Mail.

Cineplex Paderborn
Westernstr. 34, 33098 Paderborn, Tel. 05251-29 06 00, paderborn@cineplex.de, www.cineplex.de/paderborn.
Das Programm für kleine Besucher ist in diesem Paderborner Innenstadtkino bequem im Internet zu buchen. Neben den Filmen für Kinder hat das Lichtspielhaus ein besonderes Angebot für Geburtstagsfeiern in petto. Mindestens sechs Kinder müssen es sein, es gibt Popcorn, einen Softdrink, natürlich einen Film, kleine Geschenke und beim Geburtstag Plus-Paket sogar einen Blick hinter die Kulissen des Kinobetriebs. Anmeldungen sollten mindestens eine Woche vor dem Geburtstagstermin im Kino vorliegen. Die Anmeldung kann auch über die Internetseite vorgenommen werden. Pro Kind kosten die Geburtstagsfeiern € 7,50 oder € 8,50, je nachdem, für welches Paket man sich entscheidet. Das Geburtstagskind hat freien Eintritt. Für Schulen und Kindergärten werden Sondervorstellungen angeboten zu aktuellen und be-

sonderen Filmen. Dadurch können Unterrichtsthemen auf eine ganz besondere Art eingeleitet oder vertieft werden. Die Vorführungen beginnen zu einem im Vorfeld abgestimmten Termin am Vormittag. Der Eintrittspreis (ab € 4) pro Person richtet sich nach der Anzahl der Schüler bzw. Schulklassen. Die begleitenden Lehrkräfte haben selbstverständlich kostenlosen Eintritt.

Kino Bad Driburg
Am Rathausplatz 1, 33014 Bad Driburg, Tel. 05253-94 00 40, kino@kinodriburg.de, www.kinodriburg.de.
Das Kino Bad Driburg wurde vom Land Nordrhein-Westfalen ausgezeichnet für seine herausragenden Jahresfilmprogramme und Kinderfilmprogramme. Die Betreiber sehen das Kino als „Lernort" und bieten Vorstellungen eigens für Schulklassen und Kindergärten an. Gezeigt werden können alle im Kino Bad Driburg und im Kino Brakel befindlichen Filme – und das sind eine ganze Menge. Täglich um 16 Uhr werden neue Kinder- bzw. Jugendfilme aus dem aktuellen Filmangebot gezeigt. Das SonntagsKinderKino startet immer um 14 Uhr mit Klassikern wie „Ronja Räubertochter" oder „TKKG". Eintritt: € 3 (Geburtstagskinder frei). Besondere Filmwünsche werden bei Verfügbarkeit und entsprechender Zuschauerzahl ebenfalls erfüllt.

Fast vergisst man, dass die Puppen nicht lebendig sind ...

Kinocenter Deutsches Haus
Stummrigestr. 10, 37671 Höxter, Tel. 05271-69 77 15, info@kino-deutscheshaus.de, www.kino-deutscheshaus.de.
Mitten in der malerischen Innenstadt von Höxter liegt das Deutsche Haus. Neben den regulären Vorstellungen für Kinder bietet dieses Kino eine ganz besondere Geburtstagsparty an. Mindestens fünf Personen müssen zu einer Gruppe gehören. Die Kinder dürfen nicht älter als zwölf Jahre sein. Das Geburtstagskind hat natürlich freien Eintritt, so wie sich das am Geburtstag gehört. Alle Partygäste erhalten Popcorn und einen Softdrink. Für die Teilnehmer kostet der Besuch € 6,50. Eine Anmeldung ist im Vorfeld nötig. Dazu rufen Sie einfach im Kino an: täglich ab 17.30 Uhr, samstags und sonntags ab 14 Uhr.

Lichtwerk
Ravensberger Park 7, 33607 Bielefeld, Tel. 0521-557 67 77, post@lichtwerkkino.de, www.lichtwerkkino.de.
Regelmäßig zeigt das Lichtwerk am Wochenende ausgewählte Kinderfilme. Das genaue Kinderprogramm ist im Internet abrufbar. Neben klassischen Astrid-Lindgren-Verfilmungen kommen auch neuere Spielfilme und Zeichentrickarbeiten auf die Leinwand. Regelmäßig findet das Bielefelder Kinder- und Jugendfilmfest in den Herbstferien statt. Für Schulen, Ganztagsbetreuungen, Kindergärten, Kinder- und Jugendgruppen bietet das Kino tagsüber Sondervorstellungen an. Rufen Sie dazu einfach an unter Tel. 0521-55 76 77-22/-33/-66. Schon der Weg zum Kino ist ein tolles Erlebnis, denn es liegt inmitten des idyllischen Ravensberger Parks im Herzen der Stadt.

Savoy & Cinema am Schwan
Tonhallenstr. 4, 32423 Minden, Tel. 0571-829 20 40.
Das Savoy & Cinema ist eines der beiden in Minden übrig gebliebenen Kinos. Es liegt zwischen Weser und dem Klausenwall. Hier werden auch Kinderfilme gezeigt.

Kinderkonzerte

Schwere Musik? Nicht bei den Konzerten für Kinder, denn sie sind speziell auf ihr kleines Publikum zugeschnitten. „Der Karneval der Tiere“ oder „Peter und der Wolf“ gehören zu den beliebtesten Stücken der Kinder- und Familienkonzerte, die die beiden Philharmonischen Orchester der Region bieten. In Herford sind sie mit einem Tag der offenen Tür verbunden, an dem Kinder die große Pauke und den riesigen Gong ganz aus der Nähe betrachten können. Ein musikalisches Kindererlebnis bietet auch die Bielefelder Philharmonie, und auf dem Familienkonzertprogramm des Gütersloher Theaters stehen zum Beispiel „Barbar, der kleine Elefant“,

„Das Kind und der Zauberspuk“, erzählt vom Bielefelder Ballett, „Kalif Storch“, ein musikalisches Märchen oder „Drumfire-Schlagzeug querbeat“, eine Percussion-Inszenierung der Bielefelder Philharmoniker. Termine und Preise sind direkt bei den Spielstätten zu erfragen.

▶ *Philharmonisches Orchester der Stadt Bielefeld, Lampingstr. 16 (Oetker-Halle), 33615 Bielefeld, Tel. 0521-51 21 87.*

▶ *Nordwestdeutsche Philharmonie, Stiftbergstr. 2, 32049 Herford, Tel. 05221-983 80, www.nwd-philharmonie.de.*

▶ *Theater Gütersloh, Barkeystr.15, 33330 Gütersloh, Tel. 05241-82 27 09, www.theater-gt.de.*

Kinder- & Jugendtheater

Kennen Sie die Geschichte vom Onkelchen? Nein? Haben Ihre Kinder Ihnen noch nicht erzählt, auf welch ungewöhnliche Art und Weise der alte Mann Freunde sucht und schließlich findet? Dann kennen Sie bestimmt nicht die spannende Krimi-Geschichte vom Baum, und Sie glauben immer noch, dass „Pepperoni“ nur ein Gemüse und kein Kinderzirkus zum Mitmachen ist! Wenn das auf Sie zutrifft, sollten Sie sich in den folgenden Häusern mal nach dem Kindertheaterprogramm erkundigen. Es gibt jede Menge zu entdecken – vielleicht nehmen Ihre Kinder Sie ja mit.

Theater Bielefeld
Niederwall 27, 33602 Bielefeld, Theaterpädagogin Martina Breinlinger, Tel. 0521-51 67 22, info@theater-bielefeld.de, www.theater-bielefeld.de.
Im sogenannten Jugendclub des renommierten Theaters gibt es Training für Körper und Stimme, Fantasie, Konzentration, Sensibilität und Ensemblegeist, Improvisation und Arbeit an der Rolle, szenische Proben, dramaturgisches Denken und eigenes Schreiben. Das gemeinschaftliche Arbeiten an Technik, Kostüm und Bühnenbild für eine eigene Produktion stärkt das Selbstbewusstsein und den Teamgeist der Truppe, vor allem wenn die Stücke im Theater Bielefeld und an weiteren Spielorten zur Aufführung kommen. Bedingung ist eine verbindliche Teilnahme innerhalb der Projektphase. In diesem kompakten Zeitraum wird ein- bis zweimal wöchentlich geprobt. Bewerben kann sich jede und jeder im Alter von 16 bis 26 Jahren. Notwendig ist eine schriftliche Bewerbung mit einer kurzen Selbstbeschreibung

Puppentheater (→ S. 103)

und der Darstellung der eigenen Motivation für die Bewerbung. Interessant für Eltern und vor allem für Lehrer: Zur schulischen Vorbereitung eines Theaterbesuches versendet das Theater zu vielen Inszenierungen dramaturgisches Begleitmaterial. Dies ermöglicht einen Einblick in den musik- beziehungsweise theaterhistorischen Hintergrund eines Werkes und gibt darüber hinaus Hinweise zum inhaltlichen Fokus der jeweiligen Produktion. Die Zusendung ist kostenfrei.

Trotz-Alledem-Theater
Feilenstr. 4, 33602 Bielefeld, Tel. 0521-13 39 91, info@trotz-alledem-theater.de, www.trotz-alledem-theater.de.

Das Trotz-Alledem-Theater inszeniert engagierte Kinder- und Jugendstücke. Die Devise lautet: „Wir holen die Kinder da ab, wo sie stehen." Ganz egal, ob coole Stücke inszeniert werden, die zum Nachmachen animieren, oder naive Nummern zum Kaputtlachen geboten werden, die Crew vom TAT will Kindern das Theater als Erlebniswelt öffnen. Alle zwei Jahre wird ein Workshop für Kids ab acht Jahren angeboten. Dafür und für das Kindertheaterfestival „Kids on stage" wird um rechtzeitige Anmeldung gebeten. Die aktuellen Preise können telefonisch oder per E-Mail erfragt werden. Alle kleinen Künstler ab zehn Jahren, die etwas können, das auf der Bühne in ein Programm integriert werden kann, dürfen mitmachen. Parodien sind dabei genauso erwünscht wie Tanz oder Magie. Diese Theater und Jugendeinrichtungen bieten ebenfalls ein Kinder- und Jugendprogramm. Da wird geschauspielert, gezaubert und gespielt:

▶ *Bielefeld (Stieghorst), Freizeitzentrum, Glatzer Str. 21, 33605 Bielefeld, Tel. 0521-557 57 40.*

▶ *Bielefeld (Quelle), Zweischlingen, Osnabrücker Str. 200, 33649 Bielefeld, Tel. 0521-45 19 28.*

▶ *Bielefeld, Jugendzentrum Niedermühlenkamp, Niedermühlenkamp 43, 33604 Bielefeld, Tel. 0521-560 98 89.*

Kostenlos: Zirkusworkshop (ab acht Jahren), Computer- und Kreativkurse. Kochgruppe.

Ein Kindertraum: selbst imTheater aktiv werden

▶ *Enger, Kleinbahnhof, Bahnhofstr. 54, Tel. 05224-77 55.*
▶ *Herford, Stadttheater, Mindener Str. 11, 32049 Herford, Tel. 05221-500 07 u. 18 96 58.*
▶ *Gütersloh, Die Weberei, Bogenstr. 1-8, 33330 Gütersloh, Tel. 05241-23 47 80.*
▶ *Theater Gütersloh, Barkeystr. 15, 33330 Gütersloh, Tel. 05241-82 27 09.*

Mobile Künstler

„Ich hab's genau gesehen – das Ei ist jetzt in der linken Hand." Pustekuchen! Der Zauberer zieht dem Nachbarn das verschwundene Ei aus dem Ohr. Und dann die Jonglage! Wie hält der Akrobat nur sechs Bälle in der Luft? Ganz egal, ob Sie Tricks, Theater, Clownerien oder ein Puppenspiel für eine Geburtstagsfete oder ein Vereinsfest mieten möchten, es gibt einige Künstler in der Region, die auf ihrer Tournee sicher gern bei Ihnen reinschauen.

Puppenspieler und Geschichtenerzähler Uwe Natus

Auf der Natte 4a, 33106 Paderborn, Tel. 05251-93 06 01, natus@puppenspielbuehne.de, www.puppenspielbuehne.de.
Einer der bekanntesten Kleinkünstler der Region ist der Paderborner Puppenspieler und Geschichtenerzähler Uwe Natus. Der mehrfach ausgezeichnete Künstler stellt bei seinem Puppenspiel immer die Kinder und nicht sich selbst in den Mittelpunkt. So sagt er: „Das wichtigste Werkzeug eines Puppenspielers ist das Ohr." Damit, so Natus, könne er sein Publikum wahrnehmen und ins Spiel einbeziehen. Er weckt mit seinen Geschichten rund um Kasper und seine Freunde Fantasie und Freude bei den Kindern, die wie gebannt seiner Vorstellung folgen und immer wieder in die Geschichten eingreifen dürfen. Auch im Programm des Künstlers ist das „Velo-Theatre". Mit diesem mobilen Puppentheater, das auf einem Fahrradlenker aufgebaut ist, kann Natus selbst den kleinsten Platz zu seiner Bühne machen. Die Idee stammt übrigens aus Frankreich, wo diese Mini-Theater schon vor hundert Jahren existierten.

Folgende Künstler bieten ebenfalls ein interessantes Kinderprogramm:

- *Kindertheater Lili & Bib, Weststr. 91, 33615 Bielefeld, Tel. 0521-12 23 22.* Clown-Kindertheater für Zuschauer ab drei Jahren. Gage nach Absprache.
- *Zauberer Stevamino, Hubertusstr. 5, 32756 Detmold, Tel. 05231-345 33.* Zauberei und mehr für Kids ab drei Jahren. Ca. 45-minütiges Programm ab € 300.
- *Zauberer Andy McJoy, Wullbrinkholzweg 123, 32049 Herford, Tel. 05221-644 49 u. 0172-528 94 49.* Kinder können in den Vorstellungen nicht nur mitmachen, sondern auch mitlachen. 45-minütiges Programm € 300.
- *Baba Jaga, Jöllenbecker Sr. 439, 33739 Bielefeld, Tel. 0170-580 80 77.* Kinder- und Puppentheater mit Menschen als lebensgroße Figuren. Ca. 40 Minuten Vorstellung gibt's ab € 600.

Puppen- & Figurentheater

Zentrum Bielefelder Puppenspiele

Ravensberger Str. 12, 33602 Bielefeld, Tel. 0521-17 96 05 (Dagmar Selje) u. 663 44 (Thomas Niekamp).
Gleich zwei Puppenbühnen sind in Bielefeld unter einem Dach anzutreffen. Dagmar Selje hat das Puppenspielen von ihrem Vater gelernt und führt mit ihrer Puppenbühne die Tradition fort. Tho-

mas Niekamp ist mit seinem poetischen Puppentheater vor ein paar Jahren dazugekommen. Stücke und Konzeptionen der beiden Akteure sind voneinander getrennt. Dagmar Selje z.B. bietet neben den Aufführungen auch Puppenbau- und Puppenspielseminare an. Von Stabpuppen bis hin zur Schlenkerpuppe „Pippi Langstrumpf“ hat sie für jeden Grad von Fingerfertigkeit etwas in ihrem Programm. Thomas Niekamp geht ab und zu auf Tournee. Seine Stücke vom kleinen Eisbären oder der Reise nach Panama haben schon Kinder in Bayern und im Ruhrgebiet verzaubert. Dagmar Selje bleibt im Sommer in Bielefeld und spielt die Geschichten vom kleinen Häwelmann und anderen Helden open air in der Innenstadt. Bezaubernd, spannend und witzig sind beide Bühnen – entscheiden Sie selbst.

Lila Bühne Puppentheater
Filleberg 7, 32683 Barntrup,
Tel. 05262-42 04, www.lila-buehne.de
Selbst verfasste Tiergeschichten mit Hand- und Stabpuppen bietet die Puppentheater-Bühne aus Barntrup. Das Angebot wird vor allem von Kindergärten genutzt. Die Bühne ist mobil und kommt fast an jeden Ort in der Region. Hinter der Lila Bühne steckt als Verantwortlicher nicht der Lila-Launebär, sondern seit 1982 Puppenspieler Herbert Mische. Als Sozialpädagoge und durch seine Arbeit im Kindergarten kennt er die Erwartungen seines jungen Publikums ganz genau. Besonders großen Wert legt er bei seinen Auftritten auf den Umstand, dass die kleinen Zuschauer selbst ins Stück integriert sind. Wer die Lila Bühne einmal näher kennenlernen möchte, hat die Chance, dies vorab auf CDs, Kassetten und in Büchern zu tun. Seine Geschichten verkauft Herbert Mische über seine Internetseite und lässt so Einblicke in sein Schaffen zu. Die Kinder lernen zum Beispiel „Filou, das Känguruh“ oder „Billy Biber“ kennen, die in den Theaterstücken ebenfalls auftauchen. Die Stücke sind für Kids ab vier Jahren geeignet. Sie werden dabei zum Mitsingen, -spielen und -reden aufgefordert. Das Programm dauert in der Regel etwa 45 Minuten und die Kosten belaufen sich auf € 260 (Fahrtkosten kommen noch hinzu).

ERLEBNIS TECHNIK

Flughäfen

Paderborn-Lippstadt
Flughafenstr. 33, 33142 Büren (Ahden), Tel. 02955-770, info@airport-pad.com, www.flughafen-paderborn.de.
Auf dem Flughafen Paderborn starten und landen jährlich mehr als eine Million Passagiere. Kinder können dem Bodenpersonal zuschauen und vielleicht einem Kapitän persönlich begegnen. Führungen sind kostenlos und heiß begehrt. Sie sollten ca. drei Monate vorher angemeldet werden.

Bielefeld
33659 Bielefeld-Senne, Tel. 0521-95 94 70, info@flugplatz-bielefeld.de, www.flugplatz-bielefeld.de.
In Bielefeld warten Segel- und Motorflieger darauf, dass das Wetter schön wird. Eine halbe Stunde Motorflug (jeweils für max. drei Personen) kostet € 80, Segelfliegen liegt zwischen € 20 und € 50. Kids, die begeistert aufsteigen und wissen, dass sie diesen Sport erlernen möchten, müssen warten, bis sie 14 Jahre alt sind. Dann dürfen sie einen Segelflugkurs absolvieren. Eltern können es sich derweil im Bistro „Dakota Inn“ gemütlich machen.

Oerlinghausen
Stukenbrocker Weg 44a, 33813 Oerlinghausen, Tel. 05202-724 77, georg.hemkendreis@flugplatz-oerlinghausen.de, www.flugplatz-oerlinghausen.de.
In Oerlinghausen steigen Segelflieger in den Himmel. Bei gutem Wetter gibt es mehr Segler als Wolken zu sehen, denn der Segelflugplatz ist einer der größten der Welt. Hier tummeln sich Motorsegler, Motorflieger und Ultraleichtflieger. Tipp: Vom Flughafencafé aus kann man zuschauen. Organisierte Rundflüge gibt es nicht, aber wenn man die Flieger darauf anspricht, sind die meisten gerne zu einem Rundflug bereit.

Sternwarten

Volkssternwarte Paderborn – Schloss Neuhaus
Im Schlosspark 13, 33104 Paderborn (Schloss Neuhaus), Tel. 05254-93 20 42, mail@vspb.de, www.vspb.de.
Auf dem Dach der Sternwarte steht die Konstruktion, die aussieht wie ein Riesenschokokuss. Per Fernbedienung gibt das Kuppeldach die Sicht frei. Für Besucher ist die Sternwarte montags von 19 bis 21 Uhr geöffnet. Eintritt pro Person: € 1,50. Gruppen, die Sondertermine vereinbaren, zahlen mindestens € 30. Der Verein bietet Astronomiekurse für Kinder und Erwachsene an, in denen Sonnenuhren entstehen oder über Raumfahrt diskutiert wird.

Sternwarte am Brackweder Gymnasium
Beckumer Str. 10, 33647 Bielefeld (Brackwede), Tel. 0521-44 42 25.
In Brackwede sind nicht nur Sterne zu beobachten. Sonntags um 14.30 Uhr (bei klarem Wetter) kann die Sonne betrachtet werden. Montags und mittwochs (bei klarem Wetter) und Fr (wetterunabhängig) ab 20 Uhr werden Sterne angeschaut. Außerdem findet jeden ersten Freitag im Monat eine kostenlose Vortrags- und Diskussionsveranstaltung statt.

Technische Museen

Besucherbergwerk Kleinenbremen
Rintelner Str. 396, 32457 Porta Westfalica (Kleinenbremen), Tel. 05722-902 23, juergen.wehling@mkb.de, www.bergwerk-kleinenbremen.de. Anfahrt: von Hannover A2 Abf. 35 (Bad Eilsen), B83 Ri. Bückeburg bis Kleinenbremen.
Mit einem Triebwagen fahren die Gäste in die stillgelegte Eisenerzgrube „Wohlverwahrt“. Hier sieht es aus wie in einem Labyrinth. Es wird gezeigt, wie Bergleute gearbeitet haben, demonstriert, wie Sprengungen vorgenommen wurden. Über Tage sind im Museum Versteinerungen, Bergmannsuniformen, Berechnungsgeräte und eine gut erhaltene Waschkaue zu sehen. Sie war Umkleideraum und Dusche der Bergleute. Wichtig: festes Schuhwerk und ein Pullover, denn in der Grube ist es matschig bei nur zehn Grad. Geöffnet: April-Okt Di, Fr 10-16 (nur Gruppen), jeden Sa/So/Feiertag 10-16 Uhr. Eintritt: Kinder (bis 12 J.) € 3,60, Erwachsene € 7,20, Familien € 16,40.

Erlebnis-Museum des Holzhandwerks
Maschstr. 16, 32120 Hiddenhausen, Tel. 05221-620 49, www.holzhandwerksmuseum.de. Anfahrt: A30 Abf. 28 (Bünde/Hiddenhausen), Ri. Herford, Maschstraße rechts.
Hier können Kids selbst Hand anlegen. Unter Anleitung wird gesägt, gehämmert, gefeilt und gebohrt. In zwei restaurierten Scheunen ist alles, was zur Holzbearbeitung benötigt wurde, untergebracht. Die Exponate dürfen – bis auf wenige Ausnahmen – angefasst werden. Hobel, alte Drechselmaschinen, Knochenleimplatten und handbetriebene Riemen- werkzeuge lassen den Hauch der Jahrhunderte durch die Werkstätten wehen. Etwas aus Holz bauen? Welches Holz ist wofür geeignet? Je nachdem, was aus den Brettern werden soll, kom-

men verschiedene Sägen zum Einsatz. Spannende Geschichten gibt es um die Fundorte der Ausstellungsstücke. In manch einem verrotteten Sägewerk oder einer Kellerecke wurden die Stücke gefunden und seit 1990 zusammengetragen.
Öffnungszeiten: So 14-17 Uhr. Eintritt: Kinder (11-17 J.) € 1, Erwachsene € 2. Gruppenführungen auf Anfrage.

Feuerwehrmuseum

Häverstr. 188, 32278 Kirchlengern (Quernheim), Tel. 05223-737 92, deutsches-feuerwehr-museum@t-online.de, www.feuerwehr-museen.de.
Anfahrt: von Herford B239 Ri. Lübbecke, Alte Quernheimer Str. li.
Wie viel Wasser kommt aus dem dicken Schlauch? Wie hoch ist die Leiter? Im Feuerwehrmuseum sind zwei Jahrhunderte Feuerwehrgeschichte dokumentiert. Helme, Spritzenwagen und Sicherheitskleidung werden erläutert. Ab und zu werden historische Uniformen angezogen. Zu sehen gibt es alte und moderne Feuerwehrautos. Die Abteilung Brandschutz wird im Museum groß geschrieben. Auf Ausmalblättern gibt es Tipps, und die Notrufnummer 112 wird ins Gedächtnis gerufen. In Geschichten lernen Kinder, wie sie ein Streichholz entzünden, wie sie verhindern, dass der Tannenbaum brennt und wie sie mit Strom umgehen müssen.
Öffnungszeiten: jeder erste und letzte So im Monat 11-17 Uhr. Eintritt: Kinder (bis 16 J.) frei, Erwachsene € 1.

Glashütte Gernheim

Gernheim 12, 32469 Petershagen (Ovenstädt), Tel. 05707-931 10, glashuette-gernheim@lwl.org, www.glashuette-gernheim.de.
Anfahrt: A2 Abf. 33 (Porta Westfalica), B482 bis Lahde, Ri. Petershagen.
Lange haben Glasbläser zur Pfeife gegriffen, um dem Gemisch aus Pottasche, Kalk und Sand eine Form zu geben. Wenn Flaschen, Gläser, Vasen und Lampenschirme fertig waren, wurden sie in alle Welt verschickt. Wichtig war die Verpackung. Dafür gab es die Korbflechterei. Sie war auf dem Gelände, genauso wie die Arbeiterhäuser und die Schule für die Kinder. Am spannendsten sind die Vorführungen, bei denen zu sehen ist, wie aus dem glühenden Klumpen ein Gefäß wird.
Öffnungszeiten: April-Okt Di-So 10-18 Uhr. Eintritt: Kinder (bis 17 J.) € 1,50, Erwachsene € 2,90. Familien € 6,80.

Hoch hinaus kommen die Kleinen im Technikmuseum

Heinz Nixdorf Museums Forum

Fürstenallee 7, 33102 Paderborn, Tel. 05251-306-600, service@hnf.de, www.hnf.de.

Fünftausend Jahre Informationstechnik ist das Thema. Kinder lernen, wie die Römer geschrieben haben, oder erkunden Geheimschriften. Im Softwaretheater gibt es für jeden etwas zu entdecken. Am Wochenende werden um 14 und 16 Uhr kostenlose Führungen veranstaltet. Speziell für Kinder gibt's Seminare zu den Themen Surfen im WWW, T-Shirt-Painting und eine Museumsrallye. In den Sommerferien ist jeden Tag Kindertag. Dann können Kinder durchs Internet surfen oder auf dem Computer komponieren. Ab ca. € 50 (zzgl. € 1 pro Kind) werden 1,5 Stunden Programm für Geburtstagsfeiern angeboten. Info unter Tel. 05251-306-669.
Öffnungszeiten: Di-Fr 9-18, Sa/So 10-18 Uhr. Eintritt: Schüler € 3, Erwachsene € 5, Familien € 10.

Motor Technica Museum

Weserstr. 225, 32547 Bad Oeynhausen, Tel. 05731-99 60, www.badoeynhausen.de.

Vom Polizeitrabbi bis zum Salonhubschrauber gibt es hier alles. Draußen stehen Fahr- und Flugzeuge, ein Panzer und ein englischer Doppeldeckerbus. Ein Highlight ist die Scheune, in der Kinder unter Stroh Oldtimer im Originalzustand „ausgraben" müssen. In der nachgebildeten Autowerkstatt aus den 30er-Jahren möchte man gleich zum Schraubenzieher greifen. Über 400 Motorräder und Automobile, historische Dampf- und Werkzeugmaschinen, Amphibienfahrzeuge und Modellbauschiffe zeigen die Entwicklung der Mobilität anschaulich auf.
Öffnungszeiten: 9-18. Eintritt: Kinder € 3,50, Erwachsene € 5.

Motorradmuseum

Beelener Str. 32, 33428 Harsewinkel (Greffen), Tel. 02588-13 81. Anfahrt: von Gütersloh B513 bis Greffen.

Mehr als 180 historische Motorräder, dazu Traktoren und Nutzfahrzeuge gibt es in diesem Museum zu bestaunen. Die ältesten sind kurz nach 1900 gebaut worden. Der Fortschritt, den die Technik gemacht hat, ist im Motorradmuseum gut nachzuvollziehen. Tipp: Eine Puppensammlung (700 Stück) ist ausgestellt.
Öffnungszeiten: April-Okt jeden So 11-17 Uhr. Eintritt: Kinder in Begleitung der Eltern frei, Erwachsene € 2,50.

Orgelmuseum Borgentreich

Marktstr. 6, 34434 Borgentreich, Tel. 05643-12 12. Anfahrt: von Höxter B83 Ri. Beverungen, dann B241 Ri. Warburg.

Endlich erfährt man, was es heißt, wenn man „alle Register zieht". Viel Spaß haben Kinder an den Bauteilen der Instrumente. Sie sind zerlegt und liegen zum Ausprobieren bereit. Nebenbei lernen die Kleinen viel über Windladen, Vogelorgeln und Zimbelsterne. Öffnungszeiten: Do-So 14-17, Sa 10-12 Uhr. Eintritt: Kinder € 1,50, Erwachsene € 2,50, Führung € 24.

Traktoren- und Modellautomuseum
Karl-Schoppe-Weg 8, 33100 Paderborn, Tel. 05251-49 07 11, info@deutsches-traktorenmuseum.de, www.deutsches-traktorenmuseum.de.
Mehr als hundert Traktoren sind hier zu bestaunen. Damit alle Gefährte unter einem Dach präsentiert werden können, wurde zwei Jahre an einer Halle gebaut, in der die Technikgeschichte der Landwirtschaft nachvollzogen werden kann. Die Sammlung Oskar Vogel zeigt über hundert Traktoren bedeutender deutscher Hersteller wie Lanz, Hanomag, Deutz, Man, Eicher und Schlüter. Außerdem sind Maschinen kleinerer Firmen und die Leitmaschinen der Schlepperentwicklung ausgestellt. Die bis zu sechs Tonnen schweren Maschinen sind restauriert und funktionstüchtig, die kleinen Besucher stürzen sich als Erstes auf die rund 10.000 Miniaturmodelle. Einige der „Zwerge" sind nebenan in Originalgröße ausgestellt. Öffnungszeiten: Di-So 10-18 Uhr. Führungen und Geburtstagsfeiern nach Vereinbarung. Eintritt: Kinder (bis 6 J.) frei, Schüler (bis 16 J.) € 4, Jugendliche (ab 16 J.) € 5, Erwachsene € 7, Familien € 15,50.

Ziegelei

Ziegelei Lage
Sprikernheide 77, 32791 Lage, Tel. 05232-949 00, ziegelei-lage@lwl.org, www.ziegelei-lage.de. Anfahrt: A2 Abf. 28 (Ostwestfalen-Lippe), B239 Ri. Lage, links Sylbacher Straße.
Hier werden Kids zum Ziegler: Lehm karren, Wasser und Sand in der Maukegrube mischen und den ersten Stein formen. Die Maschinen und der Ringofen sind funktionstüchtig. Für Kinder von acht bis zehn Jahren gibt es ein Programm. Wichtig: Kleidung mitnehmen, die dreckig werden kann! In der Trocknungszeit wird der Ofen erklärt. Eine „Zeitreise" und ein Einblick in die maschinelle Herstellung können gebucht werden. Öffnungszeiten: Di-So 10-18 Uhr. Eintritt: Kinder (bis 17 J.) € 1,50, Erwachsene € 2,90.

SPORT, SPIEL & BADESPASS

Foto: iStockfoto.com/Alexey Kryuchkov

SPIELPLÄTZE

Ausgewählte Spielplätze

In Bad Oeynhausen

▶ *Am Siel, Ortsteil Werste.*
An diesem Spielplatz überzeugen die tolle Lage in unmittelbarer Nähe der Werre, eines Waldgebietes und die direkte Anbindung an einen Fahrradweg. Ein Holzspielschiff, Wipptiere, Schaukel-Schwing-Kombination mit Vogelnestschaukel, Seilnetzkarussell, Backstube und Bolzplatz lassen fast keine Wünsche der kleinen Besucher offen.

▶ *Westerfeldstraße, Ortsteil Bad Oeynhausen-Alt.*
Fast alles, was das Kinderherz begehrt, gibt es in der Westerfeldstraße: eine Seilbahn, eine Vogelnestschaukel, einen Spielturm mit Rutsche, eine Wassermatschanlage, eine Kletterpyramide und einen Gummihüpfsteg. Ringsherum stehen viele Bäume, die im Sommer Schatten bieten.

In Bielefeld

▶ *Am Obersee, Schildesche.*
Die Wanderwege um den Obersee im Bezirk Schildesche führen zur Spiellandschaft. In dieser Umgebung lässt es sich selbst ganz nah an der Großstadt spielen wie in einem Abenteuerland. Dort warten ein Spielschiff, Wippen und eine 40-Meter-Seilbahn auf die Kleinen.

Auf selbst gebauter Strickleiter

▶ *Bielefeld-Sennestadt, Elbeallee.*
Eine grüne Oase im Bezirk Sennestadt ist der Spielplatz an der Elbeallee. Kinder lieben die beiden Hangrutschen, die 40 Meter lange Doppelseilbahn und die Seilpyramide. Wer dabei noch nicht genug getobt hat, kann sich auf den Ballspielflächen verausgaben.

▶ *Tierpark Olderdissen.*
Am kostenlosen Tierpark, einem der beliebtesten Bielefelder Ausflugsziele, ist ein auch ein toller Spielplatz zu finden. Die große Spiellandschaft mit Rutsche und Ziegen-Streichelwiese ist besonders interessant für die kleinen Tierfreunde und ein schöner Abschluss für den Ausflug.

In Detmold

▶ *Brunnenwiese.*
Die Geräte in der Nähe des Kindergartens „Lobby“ motivieren zum Mitmachen. Kinder können klettern, schaukeln, rutschen und ihrem Bewegungsdrang feien Lauf lassen. Mutige fliegen auf der Seilbahn durch die Luft und balancieren über die Wackelbrücke. Im Kleinkinderbereich mit Sandkasten und Karussell ist Platz für die Jüngsten. Der Platz ist ruhig gelegen und hat eine große Rasenfläche mit Ballspielmöglichkeiten.

▶ *Kaiser-Wilhelm-Platz, Paulinenstraße.*
In dem schönen alten Park liegt der beliebte Spielplatz mit einer großen Spielkombination. Unter den Bäumen stehen Bänke für die Eltern. Kids vergnügen sich an der Schaukel, auf Wipptieren und am Karussell.

▶ *Im Schlingenbusch, im Ortsteil Herberhausen.*
Der größte Spielplatz Detmolds ist neu angelegt und aus Naturhölzern gebaut. Klettermaxe erklimmen die Seilpyramide und die Kletterkombination. Für die Abenteuerlustigen stehen eine Seilbahn und eine Sechseckschaukel bereit. Die Lage lädt zum Verweilen ein, neben dem Platz befinden sich eine Halfpipe und ein Bolzplatz.

Foto: iStockphoto.com/Carol Gering

In Espelkamp

▶ *Ernst-Moritz-Arndt-Schule, Koloniestraße.*
Das Besondere an dem Platz ist, dass er für Rollstuhlfahrer geeignet ist. Die Spiellandschaft hat zwei Ebenen, auf der unteren können Rollis mitspielen. Auf den Rutschen können behinderte Kinder zu zweit rutschen. Spaß macht der Sinnesgarten mit einem Riechparcours und Klangkörpern.

▶ *Ina-Seidel-Schule, Frotheimer Weg.*
Natur pur gibt es auf dem Spielplatz an der Ina-Seidel-Schule, denn die Spiellandschaft ist aus Naturmaterialien entstanden. Die Anlage bietet eine Wendeltreppe, Netze und Schrägaufstiege.

In Gütersloh

▶ *Ahornallee, Stadtgebiet Nord.*
Dieser Platz ist ein Paradies für Sand-Fans. Sie treffen auf Spielflächen mit Sandaufzügen, Sandröhren etc. Für Aktivitäten wie Rutschen, Klettern und Turnen steht eine neue Kombinationsspielanlage zur Verfügung. Ein Bolzplatz lädt zum Kicken ein.

▶ *Rhedaer Straße.*
Der Spielplatz zwischen Thüringer Weg und „Im Heidkamp“ mit

Fitnesstraining auf dem Lieblingsspielplatz

ca. 500 Quadratmetern Fläche wurde 2006 neu angelegt. Er bietet Spielangebote für alle Altersgruppen: Die Hauptanlage besteht u.a. aus einem Turm, einer Rutsche, einer Hängebrücke und einem Reck für jüngere Kinder. Ältere können klettern, hangeln und turnen. Ein Kletterfelsen, ein Basketballkorb, Rasenflächen und eine Sandspielfläche lassen Platz für viele Aktivitäten.

▶ *Zur Wieden.*
Von der Elsenhermstraße und der Straße „Zur Wieden" über Fußwegeverbindungen erreichbar liegt die Spielplatzfläche, die mit Geländemodellierungen gestaltet ist. An der Kletterwand können Kinder ihre Geschicklichkeit und ihr sportliches Können beweisen.

In Herford

▶ *Elverdissen, Kleiber Weg.*
An einer Sandbaustelle lässt sich herrlich matschen. Für Abwechslung sorgen der Gurtsteg, die Hängematte, die Doppelschaukel, die Tischtennisplatte und das Spielhaus. Das Kulissenspiel kann als Hintergrund für Rollenspiele dienen. Sportler treffen sich am Basketballkorb, die Jüngsten in der Kleinkinderecke.

▶ *Im kleinen Felde.*
Bei einer Umfrage unter den Herfordern hat dieser Spielplatz neben dem Sportzentrum das Prädikat „Super" erhalten. Er bietet Röhrenrutschen, kleine Geräte und einen Bolzplatz. Der Platz ist nicht sofort zu überblicken. Er will von jedem Kind erkundet werden.

▶ *Waldfrieden, Dr.-Kurt-Schober-Straße.*
Ein gigantisches Schiff bildet den Mittelpunkt des beliebtesten Spielplatzes in Herford. Von allen Seiten lässt sich das einem Wrack nachempfundene Gerät entern. Ein Paradies für Kletterer also. Das Schiff ist komplett aus Naturholz gebaut und bietet zur Erholung Sitzecken an. Integriert sind eine Dreifachschaukel und ein Stelzenparcours. Nebenan kommt man zum Jugendtreff, zum Bolzplatz und zum Streetballfeld. Kleinkinder-Ecken laden zum Verweilen ein.

In Höxter

▶ *Am Knüll, Kampschulteweg.*
Dieser Spielplatz wurde erst vor zwei Jahren in einem Wohngebiet errichtet, in dem viele Familien wohnen. Daher tummeln sich hier immer viele kleine Bauarbeiter und Klettermaxe. Die Spielgeräte sind auf dem neuesten Stand der Technik und sehr beliebt bei Kindern.

▶ *Freizeitanlage Höxter-Godelheim.*
Dieser Spielplatz liegt inmitten der Freizeitanlage und ist ein beliebtes Ausflugsziel für Familien. Zur Freizeitanlage gehören Sportflächen, ein Badestrand, mehrere Seen mit Wassersportmöglichkeiten und ein Restaurant, in dem –

praktischerweise – Toiletten und Duschen vorhanden sind. Die Anlage liegt an der B64 zwischen Höxter und Godelheim.

In Lemgo

▶ *Am Langenbrücker Tor.*
Der Spielplatz zwischen Lindenwall und Abteigarten bietet eine große Sandspielfläche, eine Seilnetzpyramide zum Klettern, Rutschen, Schaukel- und Karussellgeräte und einen Bolzplatz.

▶ *Am Ostertorwall.*
Der Platz, 150 Meter vom historischen Stadtkern entfernt, ist Teil der städtischen Grünanlagen. Die Wallanlagen begrünen die Lemgoer Innenstadt. Hier können Kinder umgeben von Bäumen und Wiesen klettern, schaukeln, rutschen, turnen und vieles mehr.

In Lübbecke

▶ *An der Bürgerbegegnungsstätte am alten Amtsgericht, Gerichtsstr. 5.*
Ein großes Spielgerät mit Kletter- und Erfahrungsmöglichkeiten für Kinder ist der Mittelpunkt dieses zentral gelegenen Spielplatzes. An dem Gerät sind Netze, eine Großschaukel und ein Karussell angebracht. Toll für Eltern: Gleich nebenan gibt's einen Biergarten, in dem man den Nachwuchs beim Spielen im Blick hat.

▶ *Karl-Haddewig-Straße.*
Der Spielplatz wurde von Eltern, der Stadt und einer Bank geplant und gebaut. Hier gibt es jede Menge Platz zur individuellen Entfaltung. Man kann hinter Büschen und Hecken Verstecken spielen. Spielgeräte wie eine Hang-Rutsche können entdeckt werden.

▶ *Ortsteil Gehlenbeck, Lerchenweg.*
Dies ist ein naturnaher Spielplatz mit Lehm-Areal, Röhren und einem Bolzplatz. Spaß macht das Klettern auf dem Riesen-Mikado aus echten Baumstämmen und auf Findlingen. Der Platz ist stolze 900 Quadratmeter groß.

In Minden

▶ *Gartenstadt, Rebhuhnweg.*
Der naturnahe Spielplatz befindet sich im Grünzug am Rebhuhnweg im Neubaugebiet Gartenstadt. Eine drei Meter hohe Kletterwand aus Natursteinen, ein Sandfluss und ein Sandsee mit hundert Quadratmetern Sandspielfläche laden zum Klettern und Buddeln ein. Außerdem gibt es Holzbrücken, eine Spielturmkombination mit Kriechtunnel, einen Sechseck-Kletterturm, eine Doppelschaukel, Balancierstämme, eine Hangrutsche, zwei Sandspieltische, eine sechseckige Tischtennisplatte, eine Hängemattenschaukel und Sitzgelegenheiten für die Eltern. Alles ist in naturnah gestaltetes Grün eingebettet.

▶ *Heimatverein Kutenhausen, An der Bahn/Im Schling.*
Der Spielplatz des Heimatvereins zeichnet sich durch sein ansprechendes Aussehen, die Gelände-

gestaltung und vielfältige Spielmöglichkeiten aus. Kleine Kinder finden eine Sandfläche und Federwipptiere vor, größere einen Hügel mit Tunnel, ein Spielgerät mit Türmen, Brücke, Rutsche und mehreren Aufstiegen, eine Kletterpyramide, Reckstangen, ein Drehkarussell, Schaukeln, einen Marter-/Kletterpfahl, ein Baumgesicht sowie Baumstämme zum Balancieren. Nebenan lockt ein Bolzplatz mit Schutzhütte.

▶ *Weserpromenade.*
Der Spielplatz neben dem Sommerbad an der Weser ist neben der Schiffmühle, dem Weserufer mit Bootsanlagestegen und Enten, die man beobachten kann, ein interessantes Ziel auf einem Ausflug ins stadtnahe Grün. Besonders attraktiv ist die Kletternetzpyramide.

In Paderborn

▶ *Landesgartenschaugelände, Schloss Neuhaus, Merschweg.*
Für kleine Wasserratten ist der Platz ein Eldorado. Die Wasserspielanlage lässt keine Wünsche offen. Beliebt ist der große Seilzirkus und die Nähe zum Flüsschen Alme.

▶ *„Auf der Lieth".*
Dieser Spielplatz im Liethpark richtet sich besonders an Kleinkinder. Er ist zum Thema Wasser angelegt. Ein Boot und ein Leuchtturm sorgen für maritime Atmosphäre: „Schiff ahoi!"

Foto: pixelio/Kurt Michel

▶ *Mälzerstraße.*
Auf diesem Spielplatz können sich Ritter und Burgfräulein richtig austoben. Er bietet einen Burggraben, ein Tor und sogar einen Drachen. Klettern und Seilspiele machen hier doppelt so viel Spaß.

In Warburg

▶ *An der Diemelaue.*
Wer von der Altstadt in Richtung Diemelaue geht, findet diesen idyllischen Spielplatz. In dem Holzbiber sind viele Spielmöglichkeiten versteckt: Rutschen, Klettermöglichkeiten und eine Seilbahn.

Bauchkribbeln inklusive

Indoor-Spielplätze

EuroEddy's Spielparadies
→ **S. 129, 135**

Pader-Bini-Land
Pader-Bini-Land, Frankfurter Weg 11, 33106 Paderborn, Tel. 05251-699 83 27 o. 0163-188 17 12, pader-bini-land@web.de, www.pader-bini-land.de.
Ein überdachtes Spielerlebnis auf mehr als 3.000 Quadratmetern bietet das Pader-Bini-Land. Kleine Kinder finden im Soft-Play-Bereich ihr Revier, während die größeren rutschen, klettern oder im Snappy-Krokodil toben. Geburtstage lassen sich in verschiedenen Themenräumen feiern, zusätzlich gibt es Trampoline und sogar einen kindgerechten Formel-1-Parcours. Wer danach immer noch nicht müde ist, kann sich auch auf dem Fußballfeld probieren. Für Eltern stehen ein Relax- und ein Gastro-Bereich zur Verfügung.
Öffnungszeiten: Mo-Fr 14-20, Sa/So 10-20 Uhr. Eintritt: Tageskarte Kinder € 7, Erwachsene € 3. Geburtstagsfeiern: ab € 10 pro Kind, zwei Erwachsene frei.

Springolino
Ackerstr. 35, 32051 Herford, Tel. 05221-69 24 24, fun@springolino.de, www.springolino.de.
Deutschlands größte Indoor-Spielanlage auf 5.000 Quadratmetern lädt an 364 Tagen im Jahr zu Action und Spaß ein. Rutschen, Karussells, der Wabbelberg, ein Kletterlabyrinth und das Teufelsrad sind nur ein paar der vielen Spielmöglichkeiten. Der Hit ist der Kindergeburtstag mit einem Essen in einem der vier Partyräume und einer Freifahrt auf dem Formel-1-Parcours. Ein Erinnerungsfoto für das Geburtstagskind gehört auch dazu. Kosten: € 10/Kind (inkl. Tageskarte, zwei Erwachsene haben freien Eintritt). Öffnungszeiten: Mo-Fr 14-20, Sa/So/Ferien/Feiertage 10-20 Uhr. Eintritt: Kinder € 7,50, Erwachsene € 2,50.

Abenteuerspielpark Lippiland
Am Bauhof 12, 32657 Lemgo, Tel. 05261-66 92 77, info@lippiland.de, www.lippiland.de.
Diese Anlage heißt nicht zufällig Abenteuerspielpark. In der Halle steht u.a. ein riesiger Kinderspielturm mit 160 Aktivitäten, Mega-Rutsche und 3.500 Softbällen. Hüpfen können Kinder auf dem Wal „Willi". Geburtstagfeiern sind der Hit: Die Gäste zahlen nur den Eintrittspreis plus € 3. Das Geburtstagskind hat freien Eintritt (ab sechs Personen buchbar, Tel. 05261-66 92 77). Öffnungszeiten: Mo-Fr 14-20, Sa/So 10-20 Uhr. Eintritt: Kinder € 5,50, Erwachsene € 3.

BADE-FREUDEN

Freibäder

Freibad Hiddenhausen

Badstr. 13, 32120 Hiddenhausen, Tel. 05223-834 29.

Klein, aber fein ist das Hiddenhausener Freibad. Es hat nicht die schnellste Rutsche, das größte Becken oder das höchste Sprungbrett zu bieten, aber es ist ein sympathisches Bad mit schöner Liegewiese. Die Holztreppe über der Trennlinie vom Schwimmer- zum Nichtschwimmerbecken wird gern zum „Ärgern von oben" benutzt. Natürlich gibt es ein Plantschbecken für kleine Wasserratten. Einmal im Jahr wird ein Nachtschwimmen veranstaltet. Wer das Freibad im Lichtermeer gesehen hat, mag es danach umso lieber. Öffnungszeiten: Mo-Fr 7-20, Sa/So 7-19 Uhr. Eintritt: Kinder (bis 15 J.) € 1,50, Erwachsene € 3.

Wiesenbad

Werner-Bock-Str. 34, 33659 Bielefeld, Tel. u. Fax 0521-51 29 21.

Das Bielefelder Wiesenbad ist mehr als ein schlichtes Freibad, aber nicht so aufwendig wie die neuen Erlebnisbäder. Für den kleinen Geldbeutel in den Sommerferien genau das Richtige. Hier

Wunderbar: Sich einfach mal treiben lassen ...

Foto: Fotolia.com/Marzanna Syncerz

Wasserballett einmal ganz anders

kommen Kids auf der Riesenrutsche voll in Fahrt und drängen sich eng zusammen, um den besten Platz vor der Wasserkanone zu ergattern. Auf der grünen Wiese ist viel Platz für Tischtennis, Volleyball oder eine Partie Riesenschach.
Öffnungszeiten: Mo-Fr 6-20, Sa/So 9-20 Uhr. Eintritt: Kinder (ab 6 J.) € 2,50, Erwachsene € 4.

Weitere Freibäder
Es gibt jede Menge Freibäder in der Region. Der Eintritt kostet zwischen € 1 und € 1,50 für Kinder, € 3 und € 5 für Erwachsene. Die folgenden Bäder sind attraktiv für Familien mit Kindern.

▶ *Freibad Dornberg, Forellenweg 8, 33619 Bielefeld, Tel. 0521-51 69 35.*

▶ *Freibad in Herford, Im Kleinen Felde, 32051 Herford, Tel. 05221-92 23 71.*

▶ *Freibad in Vlotho, Bäderstraße, 32602 Vlotho, Tel. 05733-33 63.*

▶ *Freibad in Paderborn, Stolbergallee 20, 33102 Paderborn, Tel. 05251-333 27.*

▶ *Freibad in Höxter, Sportzentrum 7, 37671 Höxter, Tel. 05271-350 00.*

▶ *Freibad in Lübbecke, Obernfelder Allee 31, 32312 Lübbecke, Tel. 05741-29 76 08.*

▶ *Freibad in Pivitsheide, Freibadstr. 66, 32758 Detmold, Tel. 05231-685 82.*
▶ *Steinhagener Waldbad, Am Waldbad, 33803 Steinhagen, Tel. 05204-99 72 63.*

Freizeit- & Erlebnisbäder

Aqua Fun

Am Hallenbad 1, 32278 Kirchlengern, Tel. 05223-786 89, aqua.fun-kirchlengern@t-online.de, www.kirchlengern.de. Anfahrt: von Herford B239 Ri. Lübbecke. In Kirchlengern hinter den Bahnschienen links. Hier rutschen die Kleinsten auf dem Rüssel eines Elefanten ins Planschbecken, nebenan lockt der Turm der großen Rutsche. Natürlich muss man ein wenig warten, wenn man nachmittags durch die Wasserröhre sausen will. Das Aqua Fun bietet Alternativen: eine Luftschleuse zum Solebecken im Freien, Wasserdüsen und einen Freiluftwhirlpool. Dazu kommt ein Sauna-Angebot. Im Sommer können sich die Besucher auf der Liegewiese aalen und den Badespaß im Außenbecken genießen. Öffnungszeiten: Mo-Fr 10-20, Sa 13-20, So/Feiertage 9-19 Uhr. Eintritt (exkl. Sauna): Kinder (4-16 J.) € 2,50, Erwachsene € 4,50.

Badezentrum

Sprengelweg 10, 32457 Porta Westfalica, Tel. 0571-714 09, badezentrum.porta@teleos-web.de, www.badezentrum-porta.de. Anfahrt: A2 Abf. 34 (Porta Westfalica-Veltheim), Ri. Porta Westfalica. Vor allem Eltern mit kleinen Kindern schwärmen vom Badezentrum in Porta, denn es gibt vier Becken für kleine Wasserratten unter neun Jahren. Die Pools sind mit Rutschen und Spielgeräten ausgestattet. Attraktiv für Kids sind die hundert Meter langen Rutschen im Frei- und im Hallenbadbereich. Ein „Highlight" im wahrsten Sinne des Wortes ist der Zehn-Meter-Sprungturm. Von der großen Liegewiese haben alle Besucher die Springer im Blick. Öffnungszeiten: Di-Fr 6.30-11.30 u. 14-20, Sa/So 8-18 Uhr. Eintritt (2,5 Stunden): Kinder (1-16 J.) € 2,50, Erwachsene € 4,50, Familien € 6,50.

Bali-Therme

Morsbachallee 5, 32545 Bad Oeynhausen, Tel. 05731-305 30, info@balitherme.de, www.balitherme.de. Anfahrt: in Bad Oeynhausen Ri. Spielcasino. Orientalisches Flair in Bad Oeynhausen: Unter Palmen und im Schatten der Drachenskulpturen aus Bali lässt es sich entspannen. Die große Badelandschaft bietet acht Becken. Neben Erlebnisbecken und Strömungskanal gibt es Whirlpools und einen Wasserfall. Der Geysir und die Grottenlandschaft regen Kids zu neuen Spielen an, während sich die Erwachsenen auf den Sprudelliegen von Kopf bis Fuß massieren lassen und in der Saunalandschaft

Foto: iStockphoto.com/Shirly Friedman

relaxen können. Öffnungszeiten: tägl. 8-23, Fr/Sa bis 24 Uhr. Zwei Stunden exotischer Schwimmspaß sind zu folgenden Tarifen zu haben: Kinder (2-15 J.) € 5,50, Erwachsene € 8,50, ein ganzer Tag kostet für Kinder € 10 und für Erwachsene € 13,50.

Die Welle

Stadtring Sundern 10, 33332 Gütersloh, Tel. 05241-82 21-64 u. -65, www.schwimmen-in-guetersloh.de.
Im Wellenbecken gegen die Naturgewalt Wasser ankämpfen – das ist nach dem Geschmack der Kids. Von der Rutsche sausen können sie, je nach Wetterlage, drinnen oder draußen. Vor allem das Abenteuerbecken mit Wasserkanonen, Rutschberg und Strömungskanal ist magischer Anziehungspunkt. Bei molligen 30 Grad Wassertemperatur lässt es sich lange darin aushalten. Noch ein bisschen heißer (32 Grad) geht's im Warmwasserbecken mit Unterwasserliegen zu. Sport- und Lehrschwimmbecken, ein Whirlpool sowie verschiedene Saunen und Solarien befinden sich außerdem unter dem Dach des Freizeitbades. Öffnungszeiten: Mo-Sa 10-22, So 9-22 Uhr. Etwas kompliziert ist die Eintrittsregelung, denn alle Bereiche können einzeln und in zeitlichen Abstufungen besucht werden. Tageskarte Wochenende (nur Bad): Kinder (4-7 J.) € 2,50, Jugendliche € 7,50, Erwachsene € 10.

H2O Sport- und Freizeitbad

Wiesestr. 90, 32052 Herford, Tel. 05221-92 22 77, info@h2o-herford.de, www.h2o-herford.de.

Endlich Sommer: Ins Freibad gehört auch eine richtige Rutsche

Das „black hole“ ist nur für Hartgesottenen zu empfehlen: Sie sausen 120 Meter durch eine schwarze Wasserröhre, die von zuckenden Laserblitzen erhellt wird. Wer das Tageslicht bevorzugt, wird auf der 70 Meter langen Turbo-Rutsche Spaß haben. Nach der Rutschpartie können sich Kinder im Strudelbecken treiben lassen. Für Anfänger oder Ballspieler gibt's das Nichtschwimmerbecken. Das Wellenbad ruft Erinnerungen an einen Urlaub am Meer wach. Unter dem Dach des H2O sind mehrere Bäder vereint. Insgesamt laden 1.400 Quadratmeter Wasserfläche und Saunalandschaften auf 2.500 Quadratmetern zum ausgelassenen Vergnügen ein. Neben einem Plantsch- und einem Sportbecken gehört ein Außenbecken mit großer Liegewiese zur Anlage.
Öffnungszeiten: Mo-Fr 6-8, 10-22, Sa/So 9-22 Uhr. Tageskarte Mo-Fr: Kinder unter 100 Zentimeter frei, Kinder (bis 15 J.) € 6,40, Erwachsene € 8,90, am Wochenende: Kinder (bis 15 J.) € 7,40, Erwachsene € 9,90, Familien € 22,80.

Ishara
Europaplatz 1, 33613 Bielefeld, Tel. 0521-51 14 20, info@ishara.de, www.ishara.de.
Baden wie in 1001 Nacht kann kind im neuen Ishara. Sauna, Hamam oder Cleopatra-Bad steigern das Badevergnügen zum Wellness-Hit für die Großen, und die Kleinen haben Spaß in den verschiedenen Plantschbecken, auf der 90-Meter-Rutsche oder im Strömungskanal.
Öffnungszeiten: Mo-Fr 10-23, Sa/So 9-23 Uhr. Erlebnisbad Eintritt für vier Stunden: Kinder € 6,90, Erwachsene € 9,50, Familienkarte (zwei Erwachsene und zwei Kinder) € 23,50, jedes weitere Kind € 2,80. Weitere Anwendungen kosten extra. Specials für Kindergeburtstage im Angebot.

Schwimmoper
Schützenweg 1, 33102 Paderborn, Tel. 05251-14 87 40, info@schwimmoper.de, www.schwimmoper.de.
Die Paderborner Schwimmoper ist ganz auf Familienbesuch eingestellt. Es gibt Buggys zum Leihen und einen Wickel- und Stillraum mit Babywanne. Nach Anmeldung startet eine zünftige Kindergeburtstagsfeier mit Animateurin (ca. € 30 für zwei Stunden, Verpflegung und Geschirr müssen mitgebracht werden), und für die Jüngsten stehen weiche Schwimmtiere im Kleinkindbereich zur Verfügung. Dieses Bad erhält seinen sportlichen Charak-

ter durch die drei Sprungtürme. Für Fitnessbewusste bleibt genug Platz, um ihre Bahnen zu ziehen. Öffnungszeiten: Frühschwimmen Mo-Sa 6-8 Uhr. Mo, Di, Fr 13.30-21.45, Mi 6-23 , Do 13.30-17.15, Sa 6-20 und So 7-20 Uhr. Eintritt: Kinder (6-18 J.) € 2,50, Erwachsene € 3,20.

Westfalen Therme
Schwimmbadstr. 14, 33175 Bad Lippspringe, Tel. 05252-96 40, info@westfalen-therme.de, www.westfalentherme.de.
Unter Palmen baden – ein solches Vergnügen ist in Bad Lippspringe möglich. Die Abkühlung unter dem Wasserfall und entspanntes Plantschen im Strömungskreisel laden ein, den Alltag zu vergessen. In dieser 2.560 Quadratmeter Wasserfläche umfassenden Tropenlandschaft können Badefans von der 150 Meter langen Rutsche sausen oder in der Grotte Tiefseetaucher spielen. Besonders viele Möglichkeiten bietet die Westfalen Therme den Sauna-Liebhabern. Öffnungszeiten: Mo-Do 9-23, Fr 9-24 Uhr. Eintritt: Kinder (4-15 J.) € 7 (bis 3 Stunden), € 9 (ab 3 Stunden), Erwachsene € 17 (bis 3 Stunden), € 19 (ab 3 Stunden).

Hallenbäder

Wenn es draußen kalt und ungemütlich ist, müssen Liebhaber des Bade- und Schwimmvergnügens nicht darben. Schließlich gibt es die Hallenbäder.
Eine kleine Auswahl:
▶ *Residenzbad Schloss Neuhaus, Am Schlossgarten 7, 33104 Paderborn, Tel. 05254-28 88.*
▶ *Hallenbad Höxter, Luisenstraße, 37671 Höxter, Tel. 05271-92 03 85.*
Mo/Di Warmbadetag (32 Grad) im Nichtschwimmerbereich.
▶ *Hallenbad Gütersloh, Herzebrocker Str. 17, 33330 Gütersloh, Tel. 05241-82 26 64.*
Do/Fr Warmbadetag (32 Grad).
▶ *Hallenbad Schloss Holte-Stukenbrock, Am Hallenbad 1, 33758 Schloss Holte-Stukenbrock, Tel. 05207-46 80.*
▶ *Hallenbad Lübbecke, Bohlenstr. 25, 32312 Lübbecke, Tel. 05741-906 40.*
Ständige Wassertemperatur im Sportbecken 27 Grad, im Nichtschwimmerbecken 31 Grad.

Schwimmkurse

Beim Schwimmenlernen ist es nicht leicht, den Kopf über Wasser zu behalten. Ein guter Schwimmkurs startet mit spielerischer Wassergewöhnung, um Angst abzubauen. Wenn Kinder begriffen haben, dass Wasser tragen kann, ist das begehrte Seepferdchen-Abzeichen auf Badeanzug oder -hose nicht weit. Kurse werden von der

DLRG in vielen Hallen- und Freizeitbädern angeboten. Die Kurse selbst sind kostenlos, um teilnehmen zu können, muss Ihr Kind jedoch DLRG-Mitglied werden. Folgende Adressen helfen weiter:

▶ *DLRG Bezirk Bielefeld, Tel. 0521-276 26.*

▶ *DLRG Bezirk Gütersloh, Tel. 05241-46 01 12.*

▶ *DLRG Bezirk Herford u. Minden, Tel. 05224-97 92 69.*

▶ *DLRG Bezirk Lippe, Tel. 05237-79 24, Geschäftsstelle 05237-236.*

▶ *DLRG Bezirk Hochstift, Tel. 05251-722 96.*

Auch in Schwimmvereinen können Kinder die ersten Schwimmzüge machen. Infos gibt's beim Westdeutschen Schwimmverband, Tel. 0203-73 81-632.

Seen & Naturbäder

Wer beim Baden eine natürliche Umgebung schätzt, nicht auf Dusche und Umkleidekabine verzichten möchte, ist an den folgenden Seen und Naturbädern richtig. Der Badegewässerbericht der EU bewertete die Qualität fast aller ostwestfälischen Badeseen mit „gut" bis „sehr gut".

Freizeitparadies Lippesee

Sander Straße, 33104 Paderborn, Tel. 05254-93 48 46. Anfahrt: A33 Abf. 25 (Schloss Neuhaus), B64 Ri. Delbrück.

Wenn das Wetter mitspielt, ist es hier wirklich paradiesisch. Schwimmen, Segeln, Tretboot

Beim Schwimmkurs lernt man die richtige Technik

Foto: Fotolia.com/shock

oder Wasserski fahren, Wandern, Minigolfen – fast alles ist möglich. Inlineskater, Streetballer und Beachvolleyballer fühlen sich wohl. Wer lieber eine ruhige Kugel schiebt, verzieht sich auf eine der Boulebahnen. Bei diesem Angebot werden die tollen Spielplätze beinahe zur Nebensache. Hunger und Durst können entweder im Restaurant oder am Grillplatz gestillt werden.
Ein gut ausgebautes Netz von Rad- und Wanderwegen ermöglicht es großen und kleinen Besuchern, die Freizeitlandschaft rund um den Lippesee und den nahe gelegenen Nesthauser See zu erkunden. Der Rundweg mit Naturlehrpfad gibt interessante Informationen zur Pflanzen- und Tierwelt, der Landschaft im Allgemeinen und zur historischen Entwicklung des Lippesees. Und zusätzlich bietet er Abstand vom Trubel, der speziell im Sommer an manchen Stellen des bei Paderbornern sehr beliebten Sees herrscht. Aussichtsplätze mit Blick auf den See laden zur Rast ein. Der Skaterpark ist ein Treffpunkt für alle Fans des Inlineskatens. Eine zehn Meter lange und zwei Meter hohe Fun-Rump ist die Hauptattraktion des Skaterparks, der zusätzlich mit einer Quarter-Pipe, einer Fun-Box und einer Jump-Rump aufwarten kann. Das Gelände ist rund um die Uhr zugänglich und der Eintritt frei, nur Aktivitäten (abhängig von Wetter und Jahreszeit) kosten extra.

Großer Weserbogen
Zum südlichen See 1, 32457 Porta Westfalica, Tel. 05731-61 88, info@grosserweserbogen.de, www.grosserweserbogen.de. Anfahrt: A2 Abf. 33 (Porta Westfalica), B482 Ri. Minden durch Vennebeck-Campingplatz.
Ob Sie mit Ihrer Familie baden, surfen oder Tretboot fahren wollen – drei Seen direkt neben der Weser laden zu einem Aktivausflug ein. Ein großer Teil des südlichen Sees ist zum Baden reserviert und mit einer schwimmenden Insel bestückt. Die Ufergebiete eignen sich zum Matschen und Planschen. Die Freibadanlage bietet einen Badesee mit Sandstrand, eine Liegewiese, einen Beachvolleyballplatz, Umkleideräume und auch einen Babywickelraum. Direkt an das Bad grenzt auch ein Spielplatz mit Rutschen, Seilbahn und einem Burgturm. Nicht vergessen: unbedingt den Ball für den Bolzplatz einpacken! Der kleine Hunger kann prima am Imbiss oder Kiosk gestillt werden. Öffnungszeiten Seebad: 15. Mai-15. Sep tägl. 8-20 Uhr. Eintritt: Kinder (bis 15 J.) € 2, Erwachsene € 2,50. Wer sich lieber im Trockenen als im Wasser tummelt, kann sich für € 3 je halbe Stunde ein Tretboot ausleihen. Kurze und kindertaugliche Wanderwege gibt es übrigens auch um die Seen.

Erholungszentrum Schieder
→ **S. 30**

Tanzen macht zusammen im Verein viel Spaß (→ S. 150)

Foto: Fotolia.com/Jean-Michel Pouget

FREIZEIT-SPORT

BMX

R.C. Zugvogel
Heeper Straße, 33607 Bielefeld, Tel. 0521-73 63 20. -20 56 21, www.rc-zugvogel.de.
Sattelfeste Biker sollten sich von dem etwas altertümlichen Namen des „R.C. Zugvogel von 1924“ nicht abschrecken lassen. Denn längst schon muss bei diesem Radsportklub nicht mehr das Säckel geschnürt und mit einem Lied auf den Lippen frohgemut in die Natur geradelt werden. Stattdessen können interessierte Kids auf ihren BMX-Rädern Tempo machen. Training und Rennen finden unter versierter Aufsicht statt. Kinder ab sieben Jahren haben bei den Zugvögeln außerdem Gelegenheit, auf den wendigen Sporträdern jede Menge Kunststücke zu erproben. Los geht's – nur Übung macht den BMX-Meister. BMX-Räder können beim „R.C. Zugvogel“ auch ausgeliehen werden, und die Mitgliedschaft im Verein ist zunächst nicht Bedingung.

Bumerang

Verein für Sport und Kultur e.V. – „SPUNK“
Am Kattenschling 24, 32049 Herford, Tel. 05221-85 50 70. Kontakt: Lothar Haase.

Warum kehrt der Bumerang nach langem Flug zum Werfer zurück? Dieses faszinierende Geheimnis kann bei Spunk theoretisch und praktisch gelüftet werden. Denn zum Glück gibt es in Ostwestfalen-Lippe noch genügend freie Flächen, auf denen man einen Bumerang zum Fliegen bringen kann. So einfach, wie es aussieht, ist aber nicht! Zurück kommt das Krummholz nur, wenn es auf korrekte Art und Weise zum Rotieren gebracht wurde. Anfängern verrät der Fachmann den richtigen Dreh. Die Mitgliedschaft im Bumerang-

Kick it like Beckham: Mädchen, ran an den Fußball!

verein kostet jährlich ca. € 18 für Kinder bis 14 Jahre. Kostenlose Schnupperstunden sind möglich.

Fans & Helden

Fan Projekt Bielefeld e.V.
Ellerstr. 29, 33615 Bielefeld, Tel. 0521-610 60 (Di u. Do 14-19 Uhr), info@fanprojektbielefeld.de, www.fanprojektbielefeld.de.
Die Bielefelder Arminen stehen gut da zurzeit, darum wollen viele sie sehen. Genau da setzt das Fan-Projekt an. Es will dafür sorgen, dass heftige Emotionen nicht eskalieren. Die Fanarbeiter kümmern sich auch um die jungen Anhänger, versorgen die Getreuen mit News und geben ihnen Raum zum Debattieren. Außerdem tourt man gemeinsam zu den Auswärtsspielen. Kinder können kostenlos beim Training (um 10 und ab 15 Uhr) der Arminen (Friedrich-Hagemann-Str., Bielefeld, Stadtteil Oldentrup) zuschauen. Die aktuellen Termine erfährt man unter Tel. 0521-96 61 10 (Geschäftsstelle Arminia Bielefeld).

SC Paderborn 07
Energieteam-Arena, Paderborner Str. 89, 33104 Paderborn, Tel. 05251-877 19 07, info@scpaderborn07.de, www.scpaderborn07.de.
Lange haben sie in Paderborn darum gekämpft, in den bezahlten Fußball zurückzukehren, jetzt ist das Team dabei, sich in der Zweiten Bundesliga zu etablieren. Wer die Mannschaft und den Verein unterstützen will, kann die Spiele in der Energieteam-Arena besuchen. Für alle Fan-Belange sind beim SCP die Fan-Beauftragten des Klubs zuständig.

TBV Lemgo
Kramerstr. 1, 32657 Lemgo, Tel. 05261-28 83 33, info@tbv-lemgo.de, www.tbv-lemgo.de.
Erstklassig: Gleich drei Handballteams aus Ostwestfalen-Lippe spielen im Oberhaus der Liga – der TBV Lemgo, TuS N-Lübbecke und GWD Minden. Nirgends sonst in bundesdeutschen Landen gelingen so viele Kempa-Tricks. Erstklassig auch in Sachen Jugendarbeit präsentiert sich der TBV Lemgo. Beim öffentlichen Training der Stars kann sich der Nachwuchs jederzeit Tricks abgucken! Infos gibt's unter der oben genannten Telefonnummer.

Die Info-Nummern der anderen Erstligisten:
▶ *TuS Nettelstedt, Tel. 05741-14 28.* Ferienaktionen wie z.B. Autogrammstunden.
▶ *GWD Minden, Tel. 0571-300 10.*

Funsport

EuroEddy's Spielparadies
Apfelstr. 8, 33613 Bielefeld, Tel. 0521-894 95 89, funevents@web.de, www.euroeddy-bielefeld.de.

Der „Moonwalk“ ermöglicht schwebende Aufstiege, und das Riesenspielgerüst ist an Regentagen die Top-Alternative zum Spielplatz. „EuroEddy's Spielparadies“ hat für Kinder zwischen ein und zwölf Jahren zahllose weitere Spaßsport-Attraktionen in petto. Die große Kletterwand (→ S. 135) bietet Kids, die hoch hinaus wollen, alle Möglichkeiten, und die Spiral-Turbo-Rutsche ist ein Genuss für Schwindelfreie. Sportive Kids seilen sich über den Tarzanbrücken ab, arrangieren ein kleines Treffen im „schwebenden Clubhaus“, lassen sich im Windkanal mal so richtig durchpusten oder im Helikopter rauf und runter schaukeln. Wer gerne schnelle Runden drehen möchte, nimmt einfach in einem der elektrischen Gokarts Platz. Für die ganz Kleinen bis vier Jahre stehen spezielle Geräte bereit, die verhindern, dass sie von den Großen beiseite geschoben werden.

Öffnungszeiten: Mo-Do 14-20, Fr 10-20 Uhr. Tageskarte: Kinder (bis 3 J.) € 5, Kinder (ab 4 J.) € 6,50. Der Kletterturm und die Kartbahn kosten € 1 extra. Lobenswertes Special: Erwachsene bezahlen nur € 2, müssen ihre kleineren Kinder jedoch selbst beaufsichtigen. Das Spielparadies eignet sich ideal für die nächste Geburtstagsfeier (ab € 8,50 je Kind). Es gibt separate Räume für Kinderpartys, Themenprogramme, und ein Teil des „Spielplatzes“ kann reserviert werden.

Golf

Wer immer noch glaubt, Golfspielen sei ein Sport für reiche alte Herren, ist auf dem Holzweg. Wie vor Jahren beim Tennis, öffnen sich auch die Golfer verstärkt dem Nachwuchs. Schließlich haben Spitzenspieler wie der US-Amerikaner Tiger Woods längst das verstaubte Image des einstigen Yuppie-Sports abgeschüttelt. Noch kommen zwar die meisten Kinder über ihre golfenden Eltern zum Club, aber schon bieten die Vereine Schnupperkurse oder ermäßigte Jahresbeiträge für Kinder an. Und Nachfragen kostet schließlich nichts. Die jüngsten Golfer zählen übrigens gerade mal fünf Lenze. Sie können zwar noch nicht schreiben, aber sie kennen schon ihr Handicap und wissen, wie sie die Bälle putten müssen.

Auf allen folgenden drei Plätzen gibt es eine spezielle Kinderausrüstung.

▶ *Golf Club Bad Lippspringe, Senne 1, 33175 Bad Lippspringe, Tel. 05252-537 94.*

Juniortraining ab ca. € 25 pro Jahr, wenn die Eltern Mitglieder sind.

▶ *Bielefelder Golf Club, Dornberger Str. 377, 33619 Bielefeld, Tel. 0521-10 51 03.*

Benutzung der Driving Range: € 5.

▶ *Golf-Club Widukind-Land, Auf dem Stickdorn 65, 32584 Löhne, Tel. 05228-70 50.*

▶ *Westfälischer Golf-Club Gütersloh, Gütersloher Str. 127, 33397 Rietberg, Tel. 05244-23 40.*

Inlineskating & Skateboarding

Inlineskating
Aufgeschürfte Knie oder blutende Ellenbogen sind heutzutage nicht mehr zwangsläufig mit den ersten Inline-Versuchen verbunden. Es gibt spezielle Schulen (und manchmal sogar Nachmittags-Angebote in den Regelschulen), in denen das gesundheitsschonende Fallen praktiziert wird. Natürlich gehört eine entsprechende Ausrüstung dazu. Aber bevor man sich entschließt, die teuren Trendsportgeräte mitsamt Sicherheitsschützern für Knie, Ellenbögen und Hände für die lieben Kleinen anzuschaffen, ist eine Beratung durch Fachleute sinnvoll.
▶ *Bildungswerk im Stadtsportbund, Friedrich-Verleger-Str. 19, 33602 Bielefeld, Tel. 0521-611 88 u. -17 47 80.*
▶ *KSB Herford, Bielefelder Str. 27, 32051 Herford, Tel. 05221-520 33 u. -13 13 31.*
▶ *Inline-Skate Instructor Michael Bonschenk, Tel. 05221-29 99 48 u. 0172-526 77 79.*

Verleih von Inlineskates
Hier können Sie die Skates leihen – und eventuell viel Geld sparen:
▶ *Route 66, Osterstr. 56, 32150 Bad Salzuflen, Tel. 05222-596 55.*
▶ *Surf Treff, Anton-Heinen-Str. 36, 33102 Paderborn, Tel. 05251-311 22.*
▶ *Sport Scheck, Jahnplatz, 33602 Bielefeld, Tel. 0521-96 67 70.*

Routen für Inlineskater
Rasende Frischlinge können theoretisch fast überall über den Asphalt rollen, es gibt jedoch Strecken, die besonders sportlich oder idyllisch sind.

▶ *„Schöne Aussicht" in Bielefeld.*
An der Sparrenburg geht es los, immer auf dem Kamm des Teutoburger Waldes entlang. Der geteerte Wanderweg ist für Anfänger bestens geeignet, da die Strecke eine ganz leichte Steigung hat und hier kein Auto fährt. Außerdem liegen für eine Pause Cafés und ein Spielplatz am Weg. Für „Langstreckenläufer" lohnt die Tour allerdings nicht, denn nach ein bis zwei Kilometern geht der Asphalt in einen unbefestigten Waldweg über. Achtung: Viele Spaziergänger führen ihre Hunde aus, und am Wochenende herrscht reger Betrieb. Immer vorsichtig fahren!
▶ *Weddigenufer in Herford*
Entlang der Werre führt der zirka vier Kilometer lange Wall, der die gesamte Innenstadt umkreist. Gute Bremser nehmen die Straßenunterführungen direkt am Wasser mit Anlauf, Anfänger sollten ent-

weder über die Kreuzung gehen oder am Geländer üben, wie man am besten bremst. Überall finden sich befestigte Fahrradwege, die Strecke ist völlig eben und führt durch Parks und Grünstreifen.

▶ Mehr Skater als Spaziergänger tummeln sich oft auf der asphaltierten Strecke Am Weserufer in Bad Oeynhausen-Dehme.

▶ Das Basketballfeld am oberen Parkplatz der Uni Bielefeld ist ein Treffpunkt der rollenden Szene. Natürlich nur, wenn dort gerade keiner Basketball spielt.

Skateboarding

Viele dachten, es sei nur eine Mode, aber Skateboards sind einfach nicht aus den Köpfen bzw. von den Füßen der Kids wegzubekommen. Nach und nach erkämpften sich die Skater ihre eigenen Bahnen, weil sie von den Straßen und provisorischen Übungsplätzen immer wieder vertrieben wurden. Inzwischen gibt es in Ostwestfalen-Lippe viele Übungsgelände, die recht gut ausgestattet sind. Einige befinden sich auf Spielplätzen. Also immer die Augen nach neuen Halfpipes offen halten.

▶ *Skateboard-Park, Kesselbrink (Busbahnhof), 33602 Bielefeld.*
Öffnungszeiten: Mo-Fr 12-20, So 15-20 Uhr.

▶ *Freizeitzentrum Stieghorst, Glatzer Str. 13-21, 33605 Bielefeld.*

▶ *Fun-Sportanlage, Travestraße (Hallenbad), 33689 Bielefeld (Sennestadt).*

▶ *Skateboardbahn Detmold, Brunnenstraße, 32756 Detmold.*

▶ *Skaterbahn Gütersloh, Brockhäger Straße (alte Schule), 33330 Gütersloh (Blankenhagen).*
150-Meter-Bahn, Funbox und Sprungrampe.

▶ *Skaterbahn Enger, Am Jugendzentrum, 32130 Enger.*

Kanu

Wie Adern den Körper durchziehen Weser, Werre, Ems, Aa und ihre zahlreichen Ausläufer die Region. Bei Sonnenwetter ist es geradezu eine Herausforderung, Ostwestfalen-Lippe per Kanu zu erkunden. Kein Wunder also, dass dieser Sport auf dem Wasser Tradition hat. Kanuklubs und Wassersportvereine nutzen den ganzen Sommer über die Wasserstraßen der Region. Im Winter werden Tricks wie die Eskimorolle im Hallenbad trainiert. Infos zum Kanusport gibt es z.B. bei:

▶ *Bernd Eickhoff, Bielefelder Kanu Club, Tel. 0521-299 22 85.*

▶ *Heinrich Büsemeyer, Die Sehfahrer, Tel. 0521-964 59 33.*

▶ *Siggi Laftin, inform e.V., Tel. 05202-15 89 61.*

▶ *Horst Krämer, Kanu-Sport-Club Eder Uhus Bielefeld, Tel. 0521-482 84.*

▶ *Helmut Stiesch, Touristenverein Die Naturfreunde, Tel. 0521-16 38 88.*

▶ *Herforder Kanu Klub, Gaußstr. 6a, 32052 Herford, Tel. 05221-701 74.*

▶ *Mindener Ruderverein von 1905, Am Weserstadion, 32423 Minden, Tel. 0571-228 64.*
▶ *Wassersport Höxter, Sportzentrum 3, 37671 Höxter, Tel. 05271-21 64.*

Karting

Haben Sie einen Filius, dessen Augen sich weiten und glasig werden, wenn Formel-1-Stars wie Fernando Alonso oder Ralf Schuma-

Lust auf Ponyreiten? Adressen gibt's ab S. 138

Foto: iStockphoto.com/Emmanuelle Bonzami

cher über den Bildschirm flitzen? Oder gar eine Tochter mit rennsportlichen Ambitionen, die es kaum im Fernsehsessel hält, wenn die schnellen Jungs über den Bildschirm rasen? Auf Indoor- und Outdoor-Kartbahnen können auch Kids ab acht Jahren (Ausnahmen möglich) mit bis zu 50 km/h im Cockpit den rasanten Rausch der Geschwindigkeit erleben. Besorgte Eltern können beruhigt sein, die Sicherheitsstandards der Bahnen sind sehr hoch. Ängstliche gehen vielleicht erst mal ohne den Nachwuchs hin und schauen fremden Sprösslingen bei der rasanten Fahrt durchs Rund zu. Und denken Sie daran: Auch „Schumi" startete seine Karriere auf der Kartbahn seiner Eltern! Wer weiß, wohin es bei Ihrem Nachwuchs führt, wenn die ersten Runden gedreht sind.

▶ *Indoor-Kart-Bahn Werther, Engerstr. 55, 33824 Werther, Tel. 05203-88 42 88, info@kart-owl.de, www.kart-owl.de.*

Kinder-Kartklub, Kinderkarts mit Gasstoppern (begrenzt das Gasgeben), Schalensitzen und Pedalverlängerungen, Höchstgeschwindigkeit: 50 km/h. Öffnungszeiten: Mo-Do 14-23, Fr 14-24, Sa 12-24, So 11-22 Uhr. Kinder (bis 16 J.) € 16/30 Min., Jugendliche (ab 16 J.) € 21/30 Min.

▶ *Indoor-Kartbahn B 68, Osnabrücker Str. 157, 33649 Bielefeld (Quelle), Tel. 0521-45 12 25.*

Wer auf heiße Reifen steht, ist in dieser Bahn in Bielefeld-Quelle genau richtig. Junge Fahrer können sich in der Kinder-Kart-Schule anmelden. Mo 18-22, Di-Do 16-23, Fr/Sa 15-24, So 10-22 Uhr. Kinder € 9,20/10 Min, Erwachsene € 10,50/10 Min.

▶ *Outdoor Kartbahn Büren, Westring 27, 33142 Büren, Tel. 02951-926 92, www.kartbahn-bueren.de.*

Ganzjährig geöffnet, € 12/10 Min., Leihkart- (mit Zeitnahme) und Privatkartbetrieb, Angebote für Gruppen, am Di und Do Training für Einsteiger und Kinder. Buchungen sowie technische Fragen bitte telefonisch klären.

Klettern

Kids, die ein bisschen Kribbeln im Bauch mögen, werden begeistert sein von den steilen Wänden mit den kleinen Dellen und Beulen, an denen sie sich hochhangeln können. Das freie Klettern kann man in unserer Region mangels steiler Felswände ja fast nur an künstlichen „Berghängen" trainieren. Einige Sportgeschäfte haben

Freeclimbing-Wände aufstellen lassen, damit sich kein Ostwestfale als Flachlandtiroler im nächsten Kletterurlaub outen muss.

EuroEddy's Spielparadies
Apfelstr. 8, 33613 Bielefeld, Tel. 0521-894 95 89, info@euroeddy-bielefeld.de, www.euroeddy-bielefeld.de
Die Kletter-Tageskarte kostet pro Person € 6,50. Es gibt eine Verleihgebühr für Sicherungsgurte und Kletterschuhe. Die Wand ist 8,50 Meter hoch, hat 18 Routen und einen Schwierigkeitsgrad von drei bis acht. Ein Erwachsener, der absichert, muss mitkommen.

Kletterschule Hoch Hinaus
Am Feuerholz 7, 33612 Bielefeld, Tel. 0521-32 10 22, klettersport@hochhinaus.com, ww.hochhinaus.com.
Für Kids ab zehn Jahren werden Scouting Touren angeboten. Ein Tag in der „Wildnis" mit Klettern, Seilbrücken bauen und Seilrutschen kostet ca. € 35. Außerdem werden eintägige Schnupperkurse veranstaltet, inkl. Material für ca. € 37. Die Termine müssen telefonisch abgesprochen werden.

Sportgeschäft in der Marktpassage
Trans Globe, Bahnhofstr. 27a, 33602 Bielefeld, Tel. 0521-609 82.
Das Klettern an der neun Meter hohen Wand ist kostenlos. Schuhe, Gurte und Helm werden ebenfalls kostenlos gestellt. Ab acht Jahren kann es in Begleitung eines erwachsenen Sicherungspartners losgehen.
Öffnungszeiten: Mo-Mi 10-19, Do/Fr 10-20, Sa 10-16 Uhr.

Sport-Scheck
Jahnplatz, 33602 Bielefeld, Tel. 0521-96 67 70.
Die Kletterwand an der Außenfassade ist 22 Meter hoch. Regelmäßig findet ein kostenloser Klettertreff Sa 12-15 Uhr (wetterbedingt) statt. Die Ausrüstung wird gestellt.

Mädchenfußball

„Er steht im Tor, im Tor, im Tor und ich dahinter – Frühling, Sommer, Herbst und Winter." Was Schlagersängerin Wencke Myhre einst trällerte, davon wollen Mädchen heute nichts mehr wissen. Sie wollen selbst ran an den Ball. Schließlich macht es Spaß, über den Platz zu wetzen und umringt von Abwehrspielerinnen zur Seite zu spielen und die entscheidende Vorlage fürs Tor zu geben. „Fußball gucken" ist nach dem Training ein doppeltes Vergnügen. Fast alle Vereine haben Mädchen- oder gemischte Mannschaften.

Segelkurse

Käpt'n ahoi! – Kein Problem für kleine Wasserratten. Ihren Segelschein können Kinder ab acht Jahren meist in etwa einer Woche machen. Ab rund € 200 erfahren sie alles, was ein echter Seebär wissen muss.

▶ *Yachtschule Büthe, Meißener Str. 25, 32457 Porta Westfalica, Tel. 0571-710 00 65.*
Kurse für Kids ab acht Jahre. Der Segeljuniorgrundschein kostet ca. € 180 (einwöchiger Ferienkurs).
▶ *Segelschule Lippesee, Sennelagerstraße, 33106 Paderborn, Tel. 05254-694 59. Büro Detmold: Tel. 05231-39 09 11.*
Der Opti-Schein plus eine Woche Unterricht für Kids ab acht Jahre kostet ca. € 180.
▶ *Bielefelder Segelclub, Postfach 10 06 49, 33506 Bielefeld, Tel. 0521-88 43 90 u. 05443-585.*
Gesegelt wird auf dem Dümmer. Schon Kids ab fünf Jahre üben im Optimisten und sollten schon aus fahrtechnischen Gründen von den Eltern begleitet werden. Die ersten Schnupperstunden sind kostenlos. Prüfungen können in der benachbarten Schule absolviert werden. In diesen Schulen können die jungen Segler ihre ersten Meter auf dem Meer zurücklegen.
▶ *Marine-Regatta-Verein, Stützpunkt Bielefeld, Werner Riehl, Tel. 05241-45 17.*
Auf dem Steinhuder Meer stehen Optimisten zur Verfügung.
▶ *Segler-Vereinigung Grawiede-Lehmbruch, Klaus Bunte, Tel. 0521-76 34 74.*
Die Mitgliedschaft für Kinder kostet ca. € 20, für Erwachsene ca. € 45 pro Jahr. Ein Elternteil muss mit eintreten. Jeden Sa findet das Optimisten-Training für Kids ab fünf Jahre auf dem Dümmer statt. In den Sommerferien wird ein einwöchiger kostenloser Intensivkurs angeboten, Opti-Schein inklusive. Außerdem: Optimisten-Regatten für Kids.

Selbstverteidigung für Mädchen

Bell Z.
Sudbrackstr. 36a, 33611 Bielefeld, Tel. 0521-12 21 09, info@bellzett.de, www.bellzett.de.
Mädchen, die Lust haben, die Muskeln spielen zu lassen und ihre Kraft zu erproben, sollten sich bei den „Bellas“ melden. In den Selbstverteidigungskursen für Mädchen wird nicht ständig mit dem „Buhmann“ gedroht, gegen den man sich wehren muss. Zunächst soll durch die sportliche Bewegung das Selbstbewusstsein der Mädchen gestärkt werden, die Verteidigungsübungen kommen erst später dazu. Ab dem sechsten Lebensjahr können Mädchen diese Sportart ausüben. Bell Z. bietet für kleine und große Frauen außerdem Tai Chi, Qigong, Aikido und Tanz. Tipp: Der Stadt- oder Kreissportbund in Ihrer Umge-

bung (→ siehe rechts) bietet sicher Kurse zu diesem Thema an. Einfach anrufen und nachfragen!

Streetball

Seit es die Adidas-Streetball-Challenges gibt, ist die Straßenvariante des Basketballs nicht nur bei Kids mit Kappen und XXXL-Hosen beliebter als das Original. Streetball ist schneller als das klassische Basketballspiel, es treten jeweils drei Spieler gegeneinander an, und ein riesiger Sportplatz wird nicht benötigt. Wo der sportliche Nachwuchs trickreiche Sternschritte, rasante Dribblings oder artistische Dunkings erlernen kann, erfahren Sie beim Westdeutschen Basketballverband, Tel. 0203-73 81-666. Wer nach Möglichkeiten sucht, seine Künste am Ball auf dem Asphalt zu demonstrieren, sollte in den Lokalteil seiner aktuellen Tageszeitung gucken: Ab und zu (meist im Rahmen größerer Sportfeste) sind Ausschreibungen für Turniere zu finden. Auf vielen Schulhöfen wurden bereits Streetball-Körbe installiert. Einzelne Ballartisten können sich dazugesellen, meist wird in täglich wechselnden Besetzungen gespielt.

Sportvereine

Hockey in Höxter? Basketball in Bielefeld? Kicken in Kalletal? Folgende Verbände helfen Ihnen mit

Eine starke Sache, wenn man lernt, wie man sich im Notfall wehrt

Foto: Fotolia.com/Pavel Losevsky

Tipps und Adressen weiter, wenn es darum geht, den passenden Sportverein für Ihren Sprössling in der Nachbarschaft zu finden. Fast alle Sportvereine in Ostwestfalen-Lippe sind in den sogenannten Kreissportbünden (KSB) organisiert. In Bielefeld, der kreisfreien Stadt, gibt es natürlich einen Stadtsportbund (SSB), in dem allein schon mehr als 230 Vereine gemeldet sind. Da ist noch jedes sportbegeisterte Kind fündig geworden. „Bei Anruf Sport" lautet das Motto für Sportive bei folgenden Dachverbänden:

▶ *SSB Bielefeld, Friedrich-Verleger-Str. 19, 33602 Bielefeld, Tel. 0521-5251 550.*

▶ *KSB Herford u. Minden-Lübbekke, Amtshausstr. 3, 32051 Herford, Tel. 05221-13 14 35.*

▶ *KSB Gütersloh, Herzebrocker Str. 140, 33334 Gütersloh, Tel. 05241-85 14 41.*

▶ *KSB Paderborn, Am Bischofsteich 41, 33102 Paderborn, Tel. 05251-329 71.*

▶ *KSB Detmold, Kreishaus, 32756 Detmold, Tel. 05231-62 79 01.*

▶ *KSB Höxter, Moltkestr. 12, 37671 Höxter, Tel. 05271-92 19 02.*

Voltigieren & Reiten

Ein Supersport für alle gelenkigen kleinen Pferdeliebhaber ist das Voltigieren an der Longe. Dabei wird das Pferd an einer langen Leine gehalten und schreitet oder galoppiert im Kreis. Die jungen Voltigiererinnen und Voltigierer vollführen derweil verschiedene Kunststücke auf dem Rücken des Pferdes. Um die Sache zu erleichtern, tragen die Vierbeiner keinen Sattel, sondern einen Gurt mit zwei Griffen. Die Qualität der folgenden Reiterhöfe wird von der „Deutschen Reiterlichen Vereinigung" regelmäßig überprüft.

▶ *Völkers Reiterhof, Plögereistr. 22, 32602 Vlotho, Tel. 05733-880 75 66, info@voelkers-reiterhof.de, www.voelkers-reiterhof.de.*
Kinder-Reitstunde ca. € 8, wer Prüfungen machen möchte, muss ca. € 32 pro Jahr für die Vereinsmitgliedschaft zahlen.

▶ *Reitschule Birkenhof, Im Wiedey 112, 33334 Gütersloh, Tel. 05241-37 122, reitschule-birkenhof@t-online. de, www.reitschule-birkenhof.de.*
Für Kids ab zehn Jahren. In den Ferien werden Reitlehrgänge im Internatsbetrieb angeboten.

▶ *Ravensberger Zucht-, Reit- und Fahrverein Jöllenbeck e.V., Lechtermannshof 8, 33619 Bielefeld, Tel. 05206-32 51, info@reitverein-joellenbeck, www.reitverein-joellen beck.de.*
Reiten für Kinder ab zehn Jahren. Voltigieren für schon für die Kleineren ab sechs Jahren.

Weitere Infos und Adressen:
▶ *Deutsche Reiterliche Vereinigung, Freiherr-von-Langen-Str. 13, 48231 Warendorf, Tel. 02581-636 20.*

Wintersport

Draußen Schlittschuhlaufen

Erst wenn die Eisdecke auf dem Teich richtig dick ist, sollten die Schlittschuhe aus dem Keller geholt werden. Aus dem Radio oder der Tageszeitung kann man erfahren, wann es so weit ist. Kufenfans sollten darauf gefasst sein, dass die Flächen auf den Teichen nicht so eben sind wie auf der Eisbahn, und wer außer der schlichten Vorwärts-Runde Pirouetten und das Rückwärtsfahren beherrscht, kann sich darauf schon etwas einbilden. In der Eislauf-Saison trifft man sich vor allem hier:

▶ *Fischteiche Paderborn, An den Fischteichen, 33102 Paderborn.*
▶ *Schildescher Obersee, Talbrückenstraße, 33617 Bielefeld.*
▶ *Becker Teiche, Lübbecker Straße, 32584 Löhne (Mennighüffen).*

Eisbahnen

Für kleine Eisprinzessinnen und -prinzen gibt es in Ostwestfalen-Lippe gute Startmöglichkeiten. Auf den Eisbahnen können sich die kleinen Kunstläufer munter warm fahren und das Freiheitsgefühl auf den Kufen genießen. In Herford sind die Teufel los, genauer gesagt die „Eishockey Ostwestfalen Teufel“. Schon ab drei Jahren können Kinder hier die ersten Kufenschwünge wagen. Auf allen

Foto: Photodisc

Wilde Rutschpartie auf der Rodelpiste

Bahnen können kleine Eisläufer spontan mit Freunden oder den Eltern übers Eis sausen.

▶ *Oetker-Eisbahn, Duisburger Str. 8, 33647 Bielefeld (Brackwede), Tel. 0521-51 14 85.*

▶ *Paderborner Eisbahn, Pamplonastr. 15, 33106 Paderborn, Tel. 05251-547 70 07.*

▶ *Herforder Eisbahn, Sportzentrum Im Kleinen Felde, 32051 Herford, Tel. 05221-994 40 20.*

▶ *Beverunger Eisbahn, Am Weseranger 33, 37688 Beverungen, Tel. 05273-36 73 59.*

Rodelberge & Schlittenlift

Wenn man den Berg runtersaust und mit dem linken Fuß bremst, wohin fährt dann der Schlitten? Nach links oder nach rechts? Egal, bremsen Sie lieber mit beiden Füßen, wenn Sie sich, wie Ihre Kids, auf die superschnellen Kunststoffteller trauen. Wer einen traditionellen Holzschlitten sein Eigen nennt, kann ausprobieren, ob das alte Schätzchen oder die modernen Hightech-Geräte schneller im Tal sind. Da reichen oft die kleinen Hügel in der Region aus:

▶ *Hotel Zur Burg Sternberg, Sternbergerstr. 37, 32699 Extertal (Linderhofe), Tel. 05262-94 40.*

▶ *Gaststätte Ernesti, Dune 1, 33184 Altenbeken (Schwaney), Tel. 05255-61 80.*
Kostenloser Rodelhügel.

▶ *Bauerkämper Cord, Bauerkamp 1, 33189 Schlangen, Tel. 05252-76 09.*
Rodelberge Mondscheinwiese und Rolfesgrund (kostenlos).

▶ *Rodelberg am Eggeweg, 32584 Löhne (Obernbeck).*

▶ *Rodelberg hinter dem Tierpark Olderdissen (→ S. 41), 33619 Bielefeld.*

▶ *Hotel Köterberg, Auf dem Köterberg 17, 32676 Lügde, Tel. 05283-659.*
400 Meter kostenlose Bahn.

▶ *Schwedenfrieden, Zur Schwedenschanze 75, 33619 Bielefeld, Tel. 0521-10 41 25.*
Kostenlose Rodelhügel.

Skilifte

Es gibt sie auch in Ostwestfalen-Lippe: Skilifte. Die höchste Erhebung der Region ist der Köterberg im Kreis Höxter. Er ist zwar nur 496 Meter hoch, aber den Wintersportlern macht es Spaß, hier die Skier unterzuschnallen. Alpinfans werden wahrscheinlich nicht glücklich, aber Freizeitfahrer und Anfänger kommen am östlichen Rand der Region auf ihre Kosten.

▶ *Duneberg an der Gaststätte Ernesti, Dune 1, 33184 Altenbeken (Schwaney), Tel. 05255-61 80.*
Tellerlift (ca. 300 Meter).

▶ *Brandsberg, Bereich Dörenberg am Hotel Zur Burg Sternberg, Sternbergerstr. 37, 32699 Extertal (Linderhofe), Tel. 05262-94 40.*
Drei Bügel-Ski- u. ein Schlittenlift.

▶ *Hotel Köterberg, Auf dem Köterberg 17, 32676 Lügde, Tel. 05283-659.*
Rund 500 Meter langer Lift.

▶ *Restaurant Bauerkämper, Bauerkamp 1, 33189 Schlangen, Tel. 05252-76 09.*
Ankerlift von der Teufelsschlucht auf den ca. 400 Meter hohen Bauernkamp.

KREATIVES LERNEN & SPIELEN

Foto: iStockphoto.com/Alexey Avdeev

KUNST & KULTUR

Bücher & Lesen

Öffentliche Bibliotheken
In den öffentlichen Bibliotheken gibt es eine unschlagbar große Auswahl an Kinderbüchern – auch Neuheiten stehen kostenlos zur Verfügung. Der Lesehunger wird so immer wieder gestillt. Wenn Bücher nicht gefallen, kann man sie gleich wieder zurück ins Regal stellen und nach einem neuen greifen. Meist gibt es in den Bibliotheken kuschelig eingerichtete Ecken, in denen Kinder die Zeit vergessen können. Man kann ja später zu Hause weiter lesen. Vier Wochen Ausleihfrist, der übliche Zeitraum, sind eine lange Zeit, um sich in die spannenden Geschichten zu vertiefen. Übrigens: Während Erwachsene inzwischen fast überall einen Jahresbeitrag zahlen müssen, können Kinder ab sechs Jahren meist einen Gratis-Leseausweis bekommen (Unterschrift eines Elternteils vorausgesetzt). Seit Längerem schon gibt es Kindervideos und DVDs in der Ausleihe. Ein weiterer Renner sind Kassetten und CDs. Über 40 Büchereien gibt es in Ostwestfalen-Lippe. Hier sind einige der großen aufgeführt:

▶ *33602 Bielefeld, Wilhelmstr. 3, Tel. 0521-51 50 00.*

Die ersten künstlerischen Schritte in der Malschule

Lesungen und Spielaktionen.
▶ *32756 Detmold, Leopoldstr. 5, Tel. 05231-30 94 11.*
Jährlich finden im November die Kinderliteraturtage statt. Das bedeutet zwei Wochen Spaß mit Liedern, Lesungen, Wettbewerben, Filmen und mehr.
▶ *33330 Gütersloh, Blessenstätte 1, Tel. 05241-211 80 50.*
Extras: Kindernachmittage mit Basteln und Vorlesen.
▶ *32052 Herford, Linnenbauerplatz 6, Tel. 05221-18 93 50.*
Bastel- und Vorlesenachmittag einmal monatlich, Autorenlesungen.
▶ *37671 Höxter, Möllinger Str. 9, Tel. 05271-963 44 44.*
Vorlesestunden und Lesungen.
▶ *32423 Minden, Königswall 99, Tel. 0571-83 79 10.*
Extras: Vorlesenachmittage.
▶ *Kinderbibliothek in der Rathauspassage, Rosenstr. 13-15, 33098 Paderborn, Tel. 05251-88 11 45.*

Infos über Büchereien in kleineren Städten bekommen Sie bei der „Staatlichen Büchereistelle für den Regierungsbezirk Detmold", Tel. 05231-243 76.

Chöre

Es gibt ein Musikinstrument, über das fast jeder Mensch verfügt und das er immer dabeihat: die eigene Stimme. Wer sie ausbilden möchte, ist in einem Chor gut aufgehoben. Man lernt, die richtigen Töne zu treffen, die Stimme zu halten und dabei noch richtig zu atmen. Außerdem sind die Sängergemeinschaften sehr gesellig und viel unterwegs. Der bekannte Bielefelder Kinderchor z.B. war auf großen Tourneen in der ganzen Welt, und der Mindener Kinderchor hat bereits einige Konzerte in Kanada und den USA gegeben. Es müssen nicht immer gleich die berühmtesten Chöre sein, denen Kinder beitreten sollten, wenn sie Spaß am Gesang haben wollen. Oft gibt es engagierte Chorleiter auch in kleinen Gemeinden oder Stadtteilen. Eine gute Anlaufstelle dafür sind die Kirchen. Die folgenden Chöre sind in der Region bekannt für ihre Qualität, treten regelmäßig auf und haben schon etliche CDs aufgenommen:

▶ *Bielefelder Kinderchor, Dr. Jürgen Oberschelp, Tel. 0521-17 51 00.*
Mitgliedschaft kostenlos und für Kids ab zehn Jahren. Volkslieder und geistliche Lieder, sehr beliebt sind die Weihnachtskonzerte.
▶ *Kinderchor Altenhagen, Rosemarie Landwehrmann, Tel. 05208-95 08 89 u. 95 06 37.*
Neben Chor- und Volksliedern auch Pop- und Musicalsongs. Acht- bis Zehnjährige singen zunächst im Nachwuchschor.
▶ *Detmolder Schloss-Spatzen, Christiane Schmidt, Grünstr. 2, 32108 Bad*

Salzuflen, Tel. 05222-98 97 43.
Für Kids ab vier Jahren – vom Kinderlied bis zum Oratorium. Mitgliedschaft ca. € 12 pro Jahr plus Beitrag für den Gesangsunterricht. Traditionell wird ein Muttertagskonzert gesungen.

Musikschulen

Nicht jedes Kind kommt als kleiner Mozart oder Beethoven zur Welt. Zum Glück gibt es städtische Musikschulen, die dem interessierten Nachwuchs den Zutritt zur Welt der Musik ebnen. Bereits Vierjährige können an der sogenannten musikalischen Früherziehung teilnehmen, die spielerisch angelegt ist. Wenn die kleinen Musikusse sich ein Instrument ausgeguckt haben, kann dies in den meisten Schulen zunächst geliehen werden. Sie können viel Geld sparen, wenn Ihr Sprössling erst einmal am Leihinstrument ausprobiert, ob die musikalische Passion von Dauer ist. Schnupperstunden werden in allen Schulen angeboten. Der Gruppenunterricht an einem Instrument kostet pro Kind ab ca. € 40 im Monat.

▶ *Städt. Musikschule Bad Driburg, Am Rathausplatz 2, 33014 Bad Driburg, Tel. 05253-88 14 02, www.bad-driburg.de.*

▶ *Musikschule Bad Oeynhausen, Dr.-Louis-Lehmann-Str. 3, 32545 Bad Oeynhausen, Tel. 05731-14 34 42, www.ms-badoeynhausen.de.*

▶ *Musikschule der Stadt Bad Salzuflen, Schloßstr. 2, 32108 Bad Salzuflen, Tel. 05222-95 29 40, musikschule@bad-salzuflen.de, www.musikschule-bad-salzuflen.de.*

▶ *Musik- und Kunstschule der Stadt Bielefeld, Am Sparrenberg 2c, 33602 Bielefeld, Tel. 0521-51 66 77, www.bielefeld.de.*

▶ *Musikschule der Stadt Bünde, Amtshausplatz 1, 32257 Bünde, Tel. 05223-49 71 80, www.buende.de.*

▶ *Musikschule Detmold, Woldemarstr. 23, 32756 Detmold, Tel. 05231-92 69 00, www.stadtdetmold.de.*

▶ *Musikschule des Kreises Gütersloh, Kirchstr. 18, 33330 Gütersloh, Tel. 05241-92 52 10, info@musikschule-guetersloh.de, www.musikschule-guetersloh.de.*

▶ *Musikschule der Stadt Herford, Goebenstr. 1, 32046 Herford, Tel. 05221-189 16 23, www.herford.de.*

▶ *Musikschule Höxter, Möllingerstr. 9, 37671 Höxter, Tel. 05271-963 43 90, info@musikschule-hoexter.de www.musikschule-hoexter.de.*

Im Kinderorchester lernen die Kleinen auch, sich zu konzentrieren

▶ *Musikschule Lage, Lange Str. 124, 32791 Lage, Tel. 05232-176 66, musikschule@stadtlage.de, www.musikschule-lage.de.*

▶ *Musikschule der Alten Hansestadt Lemgo, Slavertorwall 5, 32657 Lemgo, Tel. 05261-21 33 64, musikschule@lemgo.de, www.lemgo.net.*

▶ *Städtische Musikschule Minden, Simeonscarré 3, 32423 Minden, Tel. 0571-219 95, info@musikminden.de, www.musikminden.de.*

▶ *Städt. Musikschule Paderborn, Gierswall 4, 33098 Paderborn, Tel. 05251-88 14 03, musikschule@paderborn.de, www.miz.org.*

▶ *Musikschule Spenge/Enger, Lehmkuhlenweg 16, 32139 Enger, Tel. 05224-62 70, d.englschalk@spenge.de, www.spenge.de.*

Weitere Informationen gibt es beim Landesverband der Musikschulen unter Tel. 0211-25 10 09.

Kultur in Jugendzentren

Vorbei sind vielerorts die Zeiten, in denen Kinder und Jugendliche sich einfach auf der Straße zum Bolzen oder Quatschen getroffen haben. Heute gehen viele Schüler nachmittags ins Jugendzentrum. Hier arbeiten Sozialarbeiter oder Erzieher, die nicht nur jede Menge Ideen, sondern auch ein offenes Ohr für die Probleme der Kinder und Jugendlichen haben. Meist wird eine Mischung aus offenen Angeboten, z.B. Kickern, Tischtennis oder kreative Kurse ins Programm genommen. In den Kursen wird Theater gespielt, gemalt, gebastelt oder gesägt und gehämmert.

▶ *Freizeitzentrum Baumheide, Rabenhof 76, 33609 Bielefeld, Tel. 0521-51 39 81.*

▶ *Freizeitzentrum Stieghorst,*

Foto: iStockphoto.com/Susan Stewart

Passt: Musik und Lagerfeuer

Glatzer Str. 13-21, 33605 Bielefeld, Tel. 0521-55 75 740, info@fzz-stieghorst.de, www.fzz-stieghorst.de.
Z.B. Holz- und Druckwerkstatt.

▶ *Luna, Sportfreunde Sennestadt, Lindemann-Platz 1, 33689 Bielefeld, Tel. 05205-10 55 44.* Drachenwerkstatt, Schmuckwerkstatt, T-Shirt-Druck. Es fallen nur Materialkosten an.

▶ *Jugendzentrum Niedermühlenkamp, Niedermühlenkamp 43, 33604 Bielefeld, Tel. 0521-560 98 89.*
Kostenlos: Zirkusworkshop (ab 8 J.), Computer- und Kreativkurse. Kochgruppe.

▶ *Jugend- und Kinderzentrum Stricker, Gaswerkstr. 39, 33647 Bielefeld, Tel. 0521-51 53 74.*
Boxtraining, Klettern, Holzwerkstatt, Solarmodell-Basteln.

▶ *Jugend- und Kulturzentrum Kleinbahnhof Enger, Bahnhofstr. 54, 32130 Enger, Tel. 05224-77 55, team@kleinbahnhof.de, www.kleinbahnhof.de.*
Basteln, Tanzen, Zirkusakrobatik.

▶ *Jugendzentrum Lage, Am Werreanger, Breite Str. 38, 32791 Lage, Tel. 05232-20 89.*
Kostenpflichtige Töpferkurse, Holzwerkstatt, Kochen, Drachenbau, für Kinder ab sechs Jahren, Dauer ca. acht Wochen. Inlineskaten und Kletterwand kostenlos.

▶ *Jugendzentrum „Die 9“, Auf der Freiheit 9, 32052 Herford, Tel. 05221-18 98 39, info@jzdie9.de, www.jzdie9.de.*
Fitness, Kindertag im Wald.

▶ *Die Weberei Gütersloh, Bogenstr. 1-8, 33330 Gütersloh, Tel. 05241- 23 47 80, www.die-weberei.de.*
Tanzstudio, Töpferwerkstatt Fotolabor (Materialkosten).

▶ *Jugendzentrum im Bürgerzentrum Halle, Kiskerstr. 2, 33790 Halle, Tel. 05201-165 48.*
Tanzgruppe für Mädchen ab sechs Jahren. Kostenloser Kindertreff ab acht Jahren (arbeiten mit Holz, Gips, Farben und Ton). Workshops: Theater, Tanz oder Musik.

▶ *Villa, Residenzstr. 4, 33104 Paderborn, Tel. 05254-39 66, info@dievilla-schlossneuhaus.de, www.dievilla-schlossneuhaus.de.*
Für Kurse in Seidenmalerei, Basteln von Lederschmuck und Kochnachmittage „Süße Küche“ (z.B. Mäusespeck und Schokofondue) fallen nur Materialkosten an.

▶ *Villa am Hügel, Humboldtstr. 16, 32756 Detmold, Tel. 05231-692 98.* Kinder-Disco, z.B. Gruselparty oder Dschungelfest.

Kunstschulen

Bleichhäuschen

Steinweg 4, 33378 Rheda-Wiedenbrück, Tel. 05242-498 11, info@flora-westfalica.de, www.art-wb.de.
In einem winzigen Häuschen am Fußweg zum Schloss Rheda können junge Kreative ihrer Fantasie freien Lauf lassen. Wo früher Wäscherinnen die Laken zum Bleichen ausgelegt haben, wird jetzt künstlerisch gewerkelt. Mit allen möglichen Materialien wird im Bleichhäuschen geformt, geschnitzt und gemalt. Es entstehen Ytong- und Specksteinskulpturen und Werke aus Aquarellfarbe und Ölkreide. Wer erst mal nur schnuppern möchte, kann an einer der Kinderaktionen sporadisch teilnehmen.

Kunsthalle Bielefeld

Artur-Ladebeck-Str. 5, 33602 Bielefeld, Tel. 0521-32 99 95 00, info@kunsthalle-bielefeld.de, www.kunsthalle-bielefeld.de.
Die Kunsthalle Bielefeld verfügt über einen großen pädagogischen Bereich für engagierte „Kleinkünstler“. Alle Kids, die malen und gestalten wollen, sollten sich die Kunstkurse im Richard-Kaselowsky-Haus auf jeden Fall anschauen. Da wird nach erzählten Geschichten gemalt und „figuriert“, oder eine ausgestellte Skulptur setzt künstlerische Energie frei, die dann in mehr oder weniger wilde Assoziationen umgesetzt wird. Viele Nachwuchs-Picassos schätzen diese ungehemmte Ausdrucksweise, da sie sich nicht, wie so oft in der Schule, zusammenreißen müssen. Hier kann man seinen kreativen Gefühlen absolut freien Lauf lassen. Das aktuelle Programm ist an der Kasse erhältlich.

Weitere Kunstschulen

Malen, plastisches und keramisches Arbeiten, Bildhauen, Medienkunst und sogar Theaterspielen – das begrenzte schulische

Berufswunsch: Rockstar

Angebot kann die kreativen Gelüste von Kindern oft nicht befriedigen. Kunstschulen helfen in diesen Belangen weiter. Schon Kids ab vier Jahren können aktiv werden und ganz verschiedene Ausdrucksformen ausprobieren. Der Kreativität sind fast keine Grenzen gesetzt – die Kids können sich in ihrer Kunst ausleben.

▶ *Musik- und Kunstschule der Stadt Bielefeld, Am Sparrenberg 2c, 33602 Bielefeld, Tel. 0521-51 66 77.* Kreativer moderner Tanz, Modellieren (jeweils ab 4 J.).

▶ *Kunsthalle der Stadt Bielefeld, Artur-Ladebeck-Str.5, 33602 Bielefeld, Tel. 0521-32 99 95 00.* Achtwöchiger Malkurs ca. € 30.

▶ *Spielen mit Kindern, Teichstr. 18a, 33615 Bielefeld, Tel. 0521-13 10 61, mail@spielen-mit-kindern.de, www.spielen-mit-kindern.de.* Für Kurse wie „Sandbilder herstellen" oder „Radio machen" fallen nur Materialkosten an.

▶ *Jugendkunstschule in der Weberei Gütersloh, Bogenstr. 1-8, 33330 Gütersloh, Tel. 05241-23 47 80.* Tanzen und Musizieren (ab 3 J.). Experimente mit Farben (ab 8 J.).

▶ *Kunstschule, Neuer Markt 4, 32052 Herford, Tel. 05221-14 45 03.* Mal- und Gestaltungskurse.

▶ *Jugendkunstschule der Stadt Löhne, Bünder Str. 14, 32584 Löhne, Tel. 05732-10 05 90, jks@loehne.de, www.loehne.de.* Werkstattkurse (ab 4 J.), Malen nach Kinderbüchern, Theaterkurs (ab 5 J.), Bildhauerkurse (ab 8 J.).

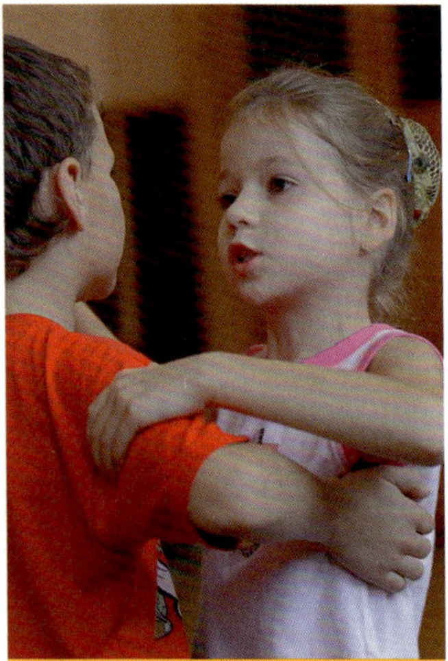

1, 2, 3 – im Walzerschritt

▶ *Kinder-Kunst-Kultur-Werkstatt, „Lille Kunterbunt" e.V., Simeonscarré 3, 32423 Minden, Tel. 0571-243 68, info@lillekunterbunt.de, www.lillekunterbunt.de.* Theaterkurse (ab 4 J.), Malen (ab 2 J. mit Elternteil) und Kreativkurse (ab 6 J.). Weitere Infos beim „Verband der Jugendkunstschulen und Kulturpädagogischen Einrichtungen e.V.", Tel. 02303-693 24.

Puppenbau

Dagmar Selje Puppenspiele
Ravensberger Str. 12, 33602 Bielefeld, Tel. 0521-17 96 05, www.selje-puppenspiele.de.
Ein Lappen, ein Holzstab, ein Bindfaden und ein Filzstift: Das

reicht, um eine Puppe zu basteln, der man mit Fantasie und verstellter Stimme Leben einhauchen kann. Für Kids ab vier Jahren bietet Dagmar Selje (→ S. 103) Puppen zum Selbermachen an. Der Schwierigkeitsgrad der Herstellung wird dabei auf das Alter der kleinen Baumeister abgestimmt. Schon nach zwei bis drei Stunden sind die Hühnchen, Hasen oder Kobolde fertig. Wer sich nun gar nicht zutraut, eigene Geschichten zu erfinden und zu spielen, kann sich bei der erfahrenen Puppenspielerin Nachhilfe geben lassen, denn sie bietet Puppenspielkurse an.

Spieletreffs & -verleihe

Spielwiese
Postfach 10 26 23, 33526 Bielefeld, Tel. 0521-208 08 77, info@spielwiese-bielefeld.de, www.spielwiese-bielefeld.de.
Angefangen beim guten alten „Mensch-ärgere-Dich-nicht“ über Halma bis zu den ganz neuen Ausgaben der „Siedler von Catan“ hat der Verein Spielwiese alles im Angebot, was Kenner an Gesellschaftsspielen schätzen. Neuigkeiten von der Nürnberger Spielwarenmesse und altbewährte Klassiker sind bequem auszuleihen. Samstags von 10 bis 12.45 Uhr sind die Mitarbeiter der Spielwiese in der Stadtbücherei Bielefeld vor Ort und beraten bei der Ausleihe von Karten-, Würfel-, Brett- und Familienspielen. Sie helfen auch gerne bei der Auswahl für ein Geburtstagsgeschenk. Um teilnehmen zu können, muss man übrigens nicht Mitglied der Bücherei sein. Spiele für jede Altersgruppe und Spielerzahl können zusätzlich beim kostenlosen Spieletreff in der Ravensberger Spinnerei (Ravensberger Park 1) getestet werden. Hier zeigt sich schnell, für welche Spiele man sich begeistern kann und welche man besser anderen überlässt. Neueinsteiger sind ebenso willkommen wie echte Spielfreaks, die alle Tricks und Kniffe kennen. Wer mehr über Spiele wissen will und sich fragt, worauf es bei den unterschiedlichsten Spielen überhaupt ankommt, hat einmal pro Jahr eine weitere Chance in Bielefeld, denn dann informiert die Spielwarenmesse, die der Verein Spielwiese einmal im Jahr in der Ravensberger Spinnerei veranstaltet.

Umweltzentrum
August-Bebel-Str. 16-18, 33602 Bielefeld, Tel. 0521-17 90 82, info@umweltzentrum-bielefeld.de, www.umweltzentrum-bielefeld.de.

Im Kinderzirkus (→ S. 153) dreht sich alles um die Kleinen

Maulwürfe, die Löcher im Blumenbeet buddeln, Schnecken, die durch Rosenbeete kriechen, Regentropfen, die den Kreislauf von der Verdunstung bis zum Niederschlag aufzeigen: Diese skurrile Mischung versammelt sich auf einem Brett mit Spielfiguren. Es gibt inzwischen eine große Anzahl von Umwelt(gesellschafts)spielen. Denn es ist ein schöner Weg, die Umwelt auf spielerischem Weg kennenzulernen und zu entdecken. Damit schon die Kleinsten lernen, mit der Natur sorgsam umzugehen, kann man in der Bibliothek des Umweltzentrums Spiele zu ökologischen Themen ausleihen. So verbindet sich das Lernen ganz nebenbei mit einer großen Portion Spaß. Und das Beste daran: Das alles gibt es zum Nulltarif.

Ballett & Tanz

Alle Kids kommen irgendwann ins Tanzstundenalter. Wer nicht bis in die Pubertät warten will, braucht nicht zu verzweifeln: Kleine Tanzmäuse lernen die ersten Schrittkombinationen ganz spielerisch schon mit fünf Jahren. Viele professionelle Tanzschulen bieten außerdem Wochenenddiscos für ihre Schüler – nebenbei eine gute Gelegenheit, sich näher kennenzulernen.

▶ *Tanzschule Am Stadtring, Stadtring 99, 33647 Bielefeld, Tel. 0521-43 33 37, info@ts-kalkbrenner.de, www.ts-kalkbrenner.de.* Spielerischer Tanz (ab 5 J.), Kinderjazzdance (ab 8 J.).

▶ *Tanzstudio Klaus Gursch, Holländische Str. 3, 33607 Bielefeld, Tel. 0521-672 77, info@tanzstudio-*

gursch.de, www.tanzstudio-gursch.de.
Angebote für Kinder (ab 5 J.).

▶ *Tanzschule Wortmann, Hochstr. 50, 32051 Herford, Tel. 05221-545 54, info@flair-tanzen.de, www.flair-tanzen.de.*
Video- und Bühnenchoreografien für Kinder (ab 8 J.).

▶ *Tanzstudio „Am Ring", Ringstr. 11, 32427 Minden, Tel. 0571-84 06 16, office@tanzschule-am-ring.de, www.tanzschule-am-ring.de.*
Reihentänze und Hip-Hop für Kids (ab 5 J.).

▶ *Tanzschule Stüwe-Weissenberg, Kirchstr. 22, 33330 Gütersloh, Tel. 05241-18 15, info@stuewe-weissenberg.de, http://guetersloh.stuewe-weissenberg.de.*
Mutter-und-Kind-Tanz, Piccolo-Tanz (ab 4 J.), Hip-Hop und Tanzen wie die Stars (ab 10 J.).

▶ *Tanzschule Fricke, Ernst-Hilker-Str. 3, 32760 Detmold, Tel. 05231-39 07 14, detmold@tanzschule-fricke.de, www.tanzschule-fricke.de.*

▶ *Tanzstudio Bräutigam, Königstr. 52, 33098 Paderborn, Tel. 05251-227 03.*

Ballettschule der städt. Bühnen Bielefeld

Brunnenstr. 3-9, 33602 Bielefeld, Tel. 0521-51 25 02. Kontakt: Maria Haus, Tel. 0521-51 25 02, info@foerderverein-ballettschule.de, http://foerderverein-ballettschule.de.
Durch spielerische Körperbewegung zum Tanz: Kinder ab sechs Jahren können in dieser Ballettschule mit tänzerischer Gymnastik starten, bei der es darum geht, den Körper bewusst zu erleben. Im Gegensatz zum früheren Drill wird heute in jeder verantwortungsbewussten Ballettschule auf die Förderung einer gesunden Entwicklung großen Wert gelegt. Maria Haus, die Leiterin der Schule, war Tänzerin am Bielefelder Theater und bietet auch Charaktertanz an, für die Bühne gestaltete Folkloretänze, bei denen Gemütszustände wie „fröhlich" oder „wütend" ausgedrückt werden können. Wer mitmachen möchte, muss eine Aufnahmeprüfung absolvieren. Als Extra gibt es jedes Jahr eine Vorstellung aller Gruppen der Schule im Stadttheater Bielefeld.

Sie ist reif für die Bühne

Tanzwerkstatt Mathieu
Nienhagener Str. 10a, 33602 Bielefeld, Tel. 0521-17 00 20, info@stepwerkstatt.de, www.stepwerkstatt.de.
Bei Lehrerin Natalie Mathieu werden Fantasien in Tanz umgesetzt und spannende Geschichten mit dem ganzen Körper erzählt. Verschiedene tänzerische Ausdrucksformen, zum Beispiel Modern Dance, Jazz oder klassisches Ballett, können von kleinen Nachwuchstänzern erlernt werden. Kinder, die schon mit vier Jahren vom Ballett träumen, können ihre ersten Tanzschritte spielerisch und ohne Druck hier proben. An den Auftritten dürfen die Elevinnen nach einer regelmäßigen Übungsphase teilnehmen.

Weitere Ballett- & Tanzschulen
▶ *Bielefelder Schule für Bühnentanz u. Gymnastik, Friedrich-Ebert-Str. 17, 33602 Bielefeld, Tel. 0521-684 57.*
▶ *Ballettschule Felicitas Grell, Südring 48, 33649 Bielefeld, Tel. 0521-43 13 00 und -43 22 64.*
▶ *Dan's Art, Am Bach 11, 33602 Bielefeld, Tel. 0521-17 56 56.*
▶ *La Danse-Ballettschule, Katja Rummel, Herforder Str. 3a, 32105 Bad Salzuflen, Tel. 05222-32 72, info@ballettschule-ladanse.de, www.ballettschule-ladanse.de.*
▶ *Tanz Etage, Ludwig-Eichholz-Str. 15, 37671 Höxter, Tel. 05277-69 52 87.* Ballett, Jazz, Folklore.
▶ *Tanzstudio Bräutigam, Königstr. 52, 33098 Paderborn, Tel. 05251-227 03.*

Theaterschulen

Kindermusiktheater der Musikschule
Woldemarstr. 23, 32756 Detmold, Tel. 05231-92 69 00.
Ganz in der klassischen Theatertradition steht dieses Kindermusiktheater. Ein Jahr lang wird fleißig geprobt und trainiert, bis das neue Werk aufgeführt werden kann. Stimm- und Sprechtraining gehören genauso zur Ausbildung wie die Bewegungslehre und die Elemente der Pantomime. Fleiß, Disziplin und Ausdauer sind dabei vonnöten: Schließlich ist es nicht leicht, wie ein Fuchs über dünnes Eis zu schleichen oder wie ein dicker, großer Bär durch den Kulissen-Wald zu trotten, wenn man gleichzeitig singen muss! Anmeldungen sollten jeweils bis November für den im darauf folgenden im Januar beginnenden Kurs erfolgen.

Trotz-Alledem-Theater
Feilenstr. 4, 33602 Bielefeld, Tel. 0521-13 39 91, info@trotz-alledem-theater.de, www.trotz-alledem-theater.de.
Welches Kind hat nicht mindestens einmal im Leben den Wunsch, Schauspieler zu werden? Das „Trotz-Alledem-Theater" (→ S. 101) spielt nicht nur Stücke für Kinder und Jugendliche, es bietet auch Workshops für kleine Leonardo DiCaprios und Kate Winslets an. Einstudiert und aufgeführt werden keine alten Kla-

motten mit Holzhammer-Moral, sondern moderne Stücke, z.B. Gespenstergeschichten. In den Herbstferien zeigen die Profis, wie Auftritte optimal inszeniert werden und wie man am geschicktesten in andere Rollen schlüpft.

Zirkus & Zauberei

Kinderzirkus Zapzarappi (Abenteuerspielplatz)
Spiekergarten, 33330 Gütersloh, Tel. 05241-393 62.
Immer auf der Suche nach neuen Talenten ist der Kinderzirkus Zapzarappi. Kinder ab sechs Jahren können in der Gruppe ihre geheimsten Wünsche wahr werden lassen und z.B. akrobatische Kunststücke erlernen oder Dinge auf geheimnisvolle Weise verschwinden lassen. Auch vor dem „heißen Element" schreckt die Truppe nicht zurück. Feuer gespuckt wird natürlich nur unter Berücksichtigung der Sicherheitsvorkehrungen.

Kleinbahnhof Enger
Bahnhofstr. 54, 32130 Enger, Tel. 05224-77 55.
In diesem ehemaligen Bahnhof hat eine zauberhafte Zirkusschule Einzug gehalten: Vom Einradfahren bis zum Jonglieren mit Bällen, Keulen oder Tüchern wird hier alles geprobt und aufgeführt. Jeden Dienstag ab 15 Uhr heißt es für Zirkusinteressierte, Geschwister und stolze Eltern: „Manege frei!" – und zwar kostenlos!

Foto: iStockfoto/Viorika Prikhodko

Voraussetzung für das Zirkustraining: jede Menge Spaß!

ERZIEHUNG & BILDUNG

Computer

Infos über Computerspiele
Welche Spielsoftware dem Nachwuchs zu empfehlen ist, ist für Eltern nicht immer leicht zu entscheiden. Etwas Kontrolle sollte sein, damit nicht zweifelhafte Spielchen auf dem Rechner des Nachwuchses landen. Hilfreich: 90 Prozent aller Anbieter legen ihre Kinderspiele der „Unterhaltungssoftware-Selbstkontrolle" (USK) vor, die die „Games" begutachtet und in bestimmte Altersklassen einstuft. Die Broschüre „Computerspiele – Spielspaß ohne Risiko" mit Tipps zu über 300 Spielen erhalten Sie bei der Arbeitsgemeinschaft Kinder- und Jugendschutz, Poststr. 15-23, 50676 Köln, Tel. 0221-921 39 20. Die Broschüre „Nicht nur laufen lassen! Kinder, Fernsehen und Computer" gibt es bei der Bundeszentrale für gesundheitliche Aufklärung, 51101 Köln, Tel. 0221-89 92-0.

Computerschulen
Für junge Fans von Bits und Bytes gehört es zum guten Ton, die Computersprache zu verstehen. Es lohnt sich, dieses Interesse zu fördern, denn in vielen Branchen läuft ohne Computerkenntnisse fast nichts mehr. Bei den Hausaufgaben und zur Vorbereitung von Referaten sind diese Kenntnisse sehr nützlich. Damit sie den Umgang so selbstverständlich lernen wie etwa das Fahrradfahren oder Fußballspielen, können schon Vierjährige unter Anleitung mit Maus und Tastatur spielen und Erfahrungen machen. Die Kurse kosten ca. € 10-15 pro Termin (1,5-2 Stunden). Wer nur das Nötigste wissen möchte, bucht nur einen Grundkurs (ca. € 50 für acht Termine). Kurse bieten die Volkshochschulen der Region:

▶ *VHS Bielefeld, Ravensberger Park 1, 33607 Bielefeld, Tel. 0521-510, volkshochschule@bielefeld.de, www.vhs-bielefeld.de.*

▶ *VHS Paderborn, Kamp 43, 33098 Paderborn, Tel. 05251-88 12 29, vhs@paderbrn.de, www.paderborn.de.*

▶ *VHS Herford, Münsterkirchplatz 1, 32052 Herford, Tel. 05221-590 50, info@vhsimkreisherford.de, www.vhsimkreisherford.de.*

▶ *VHS Gütersloh, Hohenzollernstr. 43, 33330 Gütersloh, Tel. 05241-82 29 25, vhs-guetersloh@gt-net.de, www.vhs-gt.de.*

Gesundes vom Bauernhof

Landwirtschaftskammer Westfalen-Lippe
Nevinghoff 40, 48147 Münster, Tel. 0251-237 60, info@wk.nrw.de, www.landwirtschaftskammer.de. Woher kommen die Eier? Wie wird Butter gemacht? Fragen, die nicht jedes (Stadt-)Kind beantworten kann. Das Einkaufen auf dem Bauernhof ist ein Erlebnis und bereitet den Jüngsten jede Menge Spaß. Mit etwas Glück dürfen kleine Kunden Schweine, Kühe oder Pferde besuchen. Eltern, die eine vollwertige Ernährung mit viel Obst und Gemüse ohne chemische Zusätze schätzen, decken sich auf dem Biohof ein. Oft werden Säfte, Marmeladen und Kuchen angeboten. Viele Landwirte in der Region haben sich auf das ökologische Bewusstsein eingestellt und sich Verbänden wie Demeter oder Bioland angeschlossen, die die ökologische Unbedenklichkeit der Waren regelmäßig kontrollieren. Infos und Broschüren über die Region sind bei der Landwirtschaftskammer erhältlich.

Hochbegabte Kinder

Hedwig-Dornbusch-Schule
An der Stiftskirche 13, 33611 Bielefeld (Schildesche), Tel. 0521-982 60 90, info@hedwig-dornbusch-schule.de, www.hedwig-dornbusch-schule.de. Hochbegabte Kinder haben es schwer. Elternhaus, Kindergarten und Schule erkennen in den meisten Fällen nicht die Sonderbegabung eines Kindes. Bei ihren Altersgenossen sind sie unten durch, weil man mit ihnen nicht vernünftig spielen kann. Woran Sie hochbegabte Kinder erkennen und wie Sie sie fördern können, erfahren Sie in der Sprechstunde der „Deutschen Gesellschaft für das hochbegabte Kind" jeden ersten Mi im Monat von 19 bis 22 Uhr in der Hedwig-Dornbusch-Schule. Beratung und Infos erhalten Sie bei der Gesellschaft unter Tel. 05202-91 81 70 oder im Internet unter www.dghk.de (guido.koppkow@dghk.de). Auch die „Hochbegabtenförderung" hilft Eltern und Kindern: Tel. 0234-93 56 70.

Kinderpolitik

Die Kinderbeauftragten sind die Anwälte der Kinder. Sie setzen sich für die Kinderfreundlichkeit einer Region ein und verhelfen den kleinen Bürgern zu mehr politischem Einfluss. In vielen Städten gibt es Kinderparlamente, die an lokalpolitischen Entscheidungen beteiligt werden. Sie machen sich dafür stark, dass Wünsche von Eltern und Kindern berücksichtigt werden, ganz gleich, ob es um den Standort einer neuen Ampel oder um die Ausstattung eines Spielplatzes geht. Kinder werden aufgefordert, die Augen offen zu halten und sich zu engagieren.

Hauptsache, die Lust am Lernen geht nicht verloren

Die Kinderbeauftragten sorgen dafür, dass die Tipps und Ideen bei den richtigen Stellen landen. Ansprechpartner in der Region:

▶ *Jugendamt, Steinstr. 20, 32547 Bad Oeynhausen, Tel. 05731-14 42 00, Kindertelefon 05731-14 14 14.*

▶ *Jugendamt, Niederwall 23, 33602 Bielefeld, Tel. 0521-51 50 55, jugendamt@bielefeld.de.*

▶ *Fachbereich Jugend und Bildung, Berliner Str. 70, 33330 Gütersloh, Tel. 05241-82 27 74.*

▶ *Klaus-Heinrich Dreyer, Landschaftsverband Westfalen-Lippe, Landesjugendamt, 48133 Münster, Tel. 0251-591 59 26.*

Nachhilfe

Wenn die Fünf in Mathe sich nicht in eine Vier verwandeln lassen will, dann bleibt oft nur noch der Nachhilfeunterricht. Eine kostengünstige Version ist es, einen Schüler oder eine Schülerin zu engagieren. Die Fachlehrer haben meist ein paar Empfehlungen parat. Ansonsten hilft der Blick in den Lokalteil der Tageszeitung oder ans Schwarze Brett weiter, wo Studenten oder Pädagogen ihre Dienste anbieten. Vorteil: Diese Lehrer kommen zu Ihnen nach Hause. Nachteil: Allein lernen macht häufig nicht viel Spaß. Bleibt als dritte Möglichkeit der Besuch eines Nachhilfe-Instituts. Beim „Lernpunkt" wird dem Nachwuchs für etwa € 5 pro Stunde unter die Arme gegriffen. Den Lernpunkt-Service braucht man nur zu bezahlen, wenn man ihn in Anspruch nimmt, denn es gibt keine feste Verträge.

▶ *Lernpunkt Detmold, Schülerstr. 45, 32756 Detmold, Tel. 05231-351 33.*

▶ *Lernpunkt, Hauptstr. 108, 33647 Bielefeld (Brackwede), Tel. 0521-44 04 11.*

▶ *Lernpunkt, Wilhelmstr. 8, 33602 Bielefeld, Tel. 0521-17 78 94.*

▶ *Lernpunkt, Dr.-Kranefuß-Str. 16, 33330 Gütersloh, Tel. 05241-120 27.*

Bundeszentrale Schülerhilfe Gelsenkirchen

De-la-Chevallerie-Str. 42-44, 45894 Gelsenkirchen, Tel. 0800-441 00 22 22, info@schuelerhilfe.de, www.schuelerhilfe.de.

Selbst Einstein ist sitzen geblieben. Aber wenn sich die Fünfer auf dem Zeugnis häufen, dann ist ein „Extratraining" zu empfehlen. Wie wär's mit dem Besuch eines Nachhilfe-Instituts, wo in kleinen Gruppen (vier bis sechs Schüler pro Gruppe) unter professioneller Betreuung gearbeitet wird? Der Gruppeneffekt motiviert, und es bleibt genügend Zeit für den Einzelnen. Die Lernteams treffen sich in der Regel zweimal wöchentlich für je 90 Minuten. Kosten: ca. € 110 pro Monat. Unterrichtet wird von Lehrern, Referendaren und Studenten höherer Semester. Die Schülerhilfe gibt es über 850 Mal in Deutschland. Die Koordination übernimmt die Bundeszentrale in Gelsenkirchen. Wenn Sie o.g. gebührenfreie Nummer wählen, erhalten Sie weitere Informationen und eine Liste mit allen Schülerhilfen.

Sprachen

Berlitz Kids

Obernstr. 23, 33602 Bielefeld, Tel. 0521-63 05 3, info@berlitz.de, www.berlitz.de.

In der Kindersprachschule von Berlitz lernen Sechs- bis Siebenjährige mit Tingo Englisch. Man trifft sich in Gruppen von sieben bis zehn Kindern einmal pro Woche, um mit der fremden Sprache vertraut zu werden. Da spricht Ihr Nachwuchs eine englische „Zauberformel" und schon öffnet sich die „Tür nach England". Mit Bildergeschichten, Spielen und Liedern, die auf die Altersstufe abgestimmt sind, wird das Lernen zum Kinderspiel. Der 30-stündige Kurs kostet € 245. Oster-, Sommer und Herbstferienkurse richten sich an Zehn- bis 18-Jährige, die in Gruppen von ebenfalls sieben bis zehn Personen eine Woche lang zusammenkommen. Muttersprachler begeistern dann den Nachwuchs für ihre Sprache. Eine Woche (Mo-Fr 9.30-12.30 Uhr) kostet € 190.

Verkehrserziehung

ADAC
Stapenhorststr. 131, 33615 Bielefeld, Tel. 0521-108 10, www.adac-owl.de. Kontakt: Herr Collatz.
Langsam kurvt der kleine Radfahrer über ein waagerechtes und ein schräges Brett, um darauf in den mit Holzklötzen markierten Slalom einzubiegen. Auf dem ADAC-Parcours können acht- bis 15-jährige Zweiradfahrer Verkehrssicherheit und Sattelfestigkeit prüfen. Die mobile Teststrecke wird Schulen, Vereinen und Einzelpersonen z.B. für Straßenfeste kostenlos von der Jugendabteilung des ADAC zur Verfügung gestellt. Zusätzlich berät der ADAC über die vorschriftsmäßige Ausstattung der Kinderräder und bietet einen Rat(d)geber für ABC-Schützen ebenfalls zum Nulltarif an, in dem die sichersten Routen zu den Grundschulen aufgezeigt werden.

Außerdem hat der ADAC thematische Lektionen für Eltern und Kinder im Vorschulalter.

Verkehrswacht Kreis Gütersloh
Herzebrocker Str. 140, 33330 Gütersloh, Tel. 05241-200 00, info@vwgt.de, www.vwgt.de.
Kinder gehören zu den im Straßenverkehr am stärksten gefährdeten Menschen. Sie selbst können mithelfen, den Verkehr sicherer zu machen. Mitte der 90er-Jahre hat die Verkehrswacht zum ersten Mal ein Kinderverkehrsforum einberufen. Eine große Veranstaltung, auf der Grundschulkinder ihre Probleme mit dem Straßenverkehr erzählen konnten. Alle Beschwerden wurden in Arbeitsgruppen diskutiert, gesammelt und Fachleuten wie Polizisten und Verkehrsplanern, mitgeteilt. Im Jahr darauf wurden die Veränderungen bekannt gegeben und ein zweites Verkehrsforum für Schüler von der fünften bis zur zehnten Klasse einberufen. Später ging es um Gewalt im Straßenverkehr und um Übergriffe im Schulbus. Das Thema wechselt von Jahr zu Jahr, jeder kann mitmachen. Das kostenlose Kinderverkehrsforum findet meist im Oktober statt. Im Programm sind u.a. Rollerturniere für Kindergartenkinder, Radfahrtraining (erstes bis viertes Schuljahr) und Fahrradturniere. Die Homepage der Verkehrswacht informiert über weitere Termine und Aktionen in ganz Ostwestfalen-Lippe.

Nachhilfe (→ S. 156) in der Gruppe ist nur halb so schlimm

Foto: Fotolia.com/Kristian Sekulic

Kommissariat Vorbeugung (Puppenbühne)
Lerchenstr. 2, 33607 Bielefeld, Tel. 0521-545 51 70.
Alle Kinder haben schon von ihm gehört – vom Verkehrskasper. „Live" ist der unterhaltsame und lehrreiche Geselle auf der Puppenbühne der Bielefelder Polizei zu erleben, die von Kindergärten kostenlos gemietet werden kann. Im Puppenstück „Die Wunschfeder" werden Vorschulkids in fünf verschiedenen Szenen mit gefährlichen Situationen im Straßenverkehr konfrontiert. So macht Verkehrskunde Spaß und die Kleinen lernen dabei eine ganze Menge über das richtige Verhalten auf Straßen und Gehwegen.

Jugendverkehrsschule – Verkehrswacht Bielefeld
Babenhauser Str. 18, 33613 Bielefeld, Tel. 0521-89 48 79.
Für viele Kinder ist der Schulweg, wenn der Schlaf noch in den Augen sitzt, ein riskantes Abenteuer. Die Verkehrsdichte nimmt zu, die Anzahl der Radwege stagniert. Nach der Schule, wenn die Konzentration verbraucht ist, müssen die Schüler sich schwer zusammenreißen. Damit das besser klappt, ist Verkehrserziehung wichtig. Unter Anleitung bietet die Jugendverkehrsschule kostenlos Fahrrad- und Rollertraining für Kindergärten und Schulen an. Geübt wird auf dem Schulhof und anschließend im Straßenverkehr

vor Ort. Außerdem gibt es einen theoretischen Teil mit Fragebogen.

Weiterbildung für Kinder

Kinder-Uni Bielefeld

Universität Bielefeld, Universitätsstr. 25, 33615 Bielefeld, Tel. 0521-106 44 46, post@uni-bielefeld.de, www.uni-bielefeld.de

Im Februar oder März startet die Universität Bielefeld ein Angebot für wissensdurstige Kinder aus der Region. Bei der Kinder-Uni dürfen sich Dritt- bis Sechstklässler wie Studenten fühlen. Sie erhalten einen Kinder-Uni-Studentenausweis und besuchen Vorlesungen, die auf ihr Alter zugeschnitten sind. Dabei spannt die Uni ihre Forscher aus den verschiedensten Fachbereichen ein. So referiert ein Psychologe zum Thema Angsthasen, ein Historiker beleuchtet die Aufgaben der Nürnberger Stadtknechte vor 500 Jahren oder ein Informatiker erklärt, wie ein Roboter das Sehen lernen kann. Auch die Fächer Biologie, Kunst, Soziologie oder Physik können vertreten sein. Die Vorlesungen in den Hörsälen der Uni sind so gut besucht, dass eine Anmeldung nötig ist. Das kann bequem über das Internet gemacht werden. Dort sind alle Infos über die Kinder-Uni zu finden, so z.B. ein Rückblick auf die vergangenen Semester und Erklärungen, wie man zur Uni kommt und welche Vorteile der Kinder-Uni-Studentenausweis bringt. Der Spaß am Lernen steht bei diesem besonderen Projekt, das von lokalen Unternehmen gefördert wird, ganz klar im Vordergrund. Das Beste an diesem Angebot für Nachwuchsforscher: Es ist kostenlos. Im Internet gibt es das Vorlesungsverzeichnis zum Nachlesen. Es informiert darüber, welche Veranstaltungen sich an Kids aus der dritten und vierten Klasse und welche sich an die Fünft- und Sechstklässler richten.

Arbeiterwohlfahrt

Die Arbeiterwohlfahrt (AWO) hat immer wieder interessante Angebote zu Bildung und Erziehung im Programm. Junge Leute liegen der Organisation besonders am Herzen und daher gibt es im Bildungsprogramm der AWO regelmäßig Programmpunkte für den Nachwuchs. Wer sich informieren möchte, was genau in seiner Nähe angeboten wird, kann zur örtlichen AWO-Gruppe gehen oder direkt im Internet stöbern. Unter der Adresse: www.awo-owl.de (post@awo-owl.de) gibt es Infos aus der Region.

Volkshochschulen
Um Bildung und Weiterbildung kümmern sich in Ostwestfalen-Lippe in besonderer Weise die Volkshochschulen. Sie bieten Kurse vom Kochen übers Sprachenlernen bis hin zu Sportaktivitäten, Basteln oder Reisen an. Neben den Angeboten für die Eltern gibt's auch für den Nachwuchs spezielle Angebote. Ein Kontakt zur nächstgelegenen Volkshochschule kann weiterhelfen, ein Blick ins Programmheft lohnt sich in jedem Fall. Das Tolle an den Kursen: Man trifft sich freiwillig und lernt ohne großen Druck nur wegen der Freude am Thema. Mit Freunden macht ein Kursbesuch gleich doppelten Spaß. Die Adressen der großen Volkshochschulen:

▶ *VHS Minden, Königswall 99, 32423 Minden, Tel. 0571-837 66 10, programm@vhs-minden.de, www.vhs-minden.de.*
Kurse für Kinder: „Mein Fotobuch“, „Schnupperworkshop Fossilienpräparation“, „Schwimmen für Kinder“.

▶ *VHS Kreis Herford, Münsterkirchplatz 1, 32052 Herford, Tel. 05221-590 50, info@vhsimkreisherford.de, www.vhsimkreisherford.de.*
Kurse für Kinder: „Träume aus Lehm: Mit Kindern gestalten, bauen und backen“, „Natur auf der Spur – von Heilkräutlein und Marzipan“, „edv4kids – Kinder machen Radio“, „Tastschreiben am PC für Kids“, „Spürnasen in der Natur“, „Wohlfühltag für Kinder und Eltern“, „Hola, amigos!”.

▶ *VHS Bielefeld, Ravensberger Park 1, 33607 Bielefeld, Tel. 0521-510, volkshochschule@bielefeld.de, www.vhs-bielefeld.de.*
Kurse für Kinder: „eJunior Profi – EDV für Kinder im Grundschulalter“, „Zaungäste beim Glühwürmchenballett“.

▶ *VHS Gütersloh, Berliner Str. 70, 33330 Gütersloh, Tel. 05241-82 29 25, vhs-guetersloh@gt-net.de, www.vhs-gt.de.*
Kurse für Kinder: „Heimische Fossilien für Kinder: Haifischzähne, Seeigel, Donnerkeile“, „Pferde als Partner kennenlernen und erleben” (Wochenendkurs für Eltern mit Kindern (ab 5 J.)), „Ferienzirkus Akrobatik und Jonglage“, „Kreatives Gestalten mit Holz“, „Steinwerkstatt“, „Wie ein echter Scout – Abenteuerwoche in der Natur“.

▶ *VHS Paderborn, Kamp 43, 33098 Paderborn, Tel. 05251-88 12 29, vhs@paderborn.de, www.paderborn.de/microsite/vhs.*
Kurse für Kinder: „Kinder-Atelier“, „Eine Zeitreise durch die Kunst“, „Lieblingstiere, Fabelwesen und Monster – plastisches Gestalten für Kinder“, „Maskenbau“, „Neptun und Nixe in Wassermanns Reich – Malkurs an den Paderquellen“.

▶ *VHS Höxter, Möllinger Str. 9, 37662 Höxter, Tel. 05271-963 43 02, vhs@vhs-hoexter.de, www.vhs-hoexter.de.*
Kurse für Kinder: „Familienwaldrallye“„Schmetterlingsexkursion im Taubenborn“.

KINDER- & JUGEND-GRUPPEN

Christliche Gruppen

Christlicher Verein junger Menschen – Westbund
Bundeshöhe 6, 42285 Wuppertal, Tel. 0202-57 42, info@cvjm.de, www.cvjm.de.
Beim CVJM geht es darum, in der Freizeit etwas zu erleben und dabei aber auch zu erfahren, was eine starke Gemeinschaft leisten kann. Jungen und Mädchen aus allen Völkern bilden die weltweite Gemeinschaft. Acht- bis zwölfjährige CVJMler treffen sich in der Jungschar, um zu spielen, zu basteln oder zu kochen. Bei den Vier- bis Achtjährigen wird gebastelt und gespielt, und nebenbei lernen die Kids etwas über soziale Gefüge und das „Miteinander statt Nebeneinander" durch Geschichten aus der Bibel. Einsteiger nehmen kostenlos an den Gruppen teil, wer dabeibleiben möchte, zahlt je nach Ortsgruppe pro Monat ca. € 0,50. Ansprechpartner des Christlichen Vereins junger Menschen:

- *Kirchlengern: Andreas Weichelt, Tel. 05223-759 74.*
- *Bielefeld: Kreuzstr. 19, 33602 Bielefeld, Tel. 0521-17 14 45*
- *Herford: Waisenhausstr. 1, 32025 Herford, Tel. 05221-566 92.*

Karitative Gruppen

DLRG-Jugend Westfalen
Köln-Berliner-Str. 49, 44287 Dortmund, Tel. 0231-442 24 -0 u. 442 24 61 19 (Anmeldung Sommercamps), www.dlrg.de/gliederung/westfalen/jugend.
In der DLRG-Jugend (Deutsche Lebens-Rettungs-Gesellschaft) wird Grundlegendes über die Gefahren im Wasser, den richtigen Umgang mit der Natur und die Schwimmtechniken in altersgerechten Kursen vermittelt. Nichtschwimmer sind gut aufgehoben: Ab dem fünften Lebensjahr, bei einigen Ortsgruppen früher, können Kinder an den Kursen teilnehmen. Eifrige machen das Deutsche Schwimmabzeichen und den Junior-Retter, bevor sie sich an die schweren Aufgaben heranwagen. Die kleinen „Lebensretter" haben nicht nur im Wasser ihren Spaß. Richtige Naturferien kann man erleben, wenn man die Sommercamps mitmacht. Kinder aus ganz Nordrhein-Westfalen waren schon gemeinsam in Otterndorf (Nahe Cuxhaven) an der Nordsee. Kanufahrten, Fahrradtouren und U-Boot-Besichtigungen standen auf dem Programm (ca. € 300 für 14 Tage/Kind).

Jugendrotkreuz des DRK Landesverbandes Westfalen-Lippe
Sperlichstr. 25, 48151 Münster, Tel. 0251-973 90, jrk@drk-westfalen.de, www.jugendrotkreuz-westfalen.de.

In der Kindergruppe: Gemeinsam sind wir stark!

Die Kleinsten treffen sich regelmäßig zum Spielen, Basteln oder Toben. Schon mit sechs Jahren können Kinder Jugendrotkreuzler werden. In den Einsteiger-Gruppen werden die Jüngsten spielerisch an den Umgang mit sozialer Verantwortung herangeführt. Neben der gemeinsamen Freizeitgestaltung mit Kinderfesten, Sport- und Spielwettbewerben lernen Jugendrotkreuzler, „Erste Hilfe“ zu leisten. Die Unfallhilfe ist längst nicht mehr das einzige Ziel der Jugendorganisation, deren Mitglieder bis 25 Jahre alt sind. Engagement für Behinderte und anders Benachteiligte zählt ebenso dazu wie der aktive Einsatz für den Frieden in der Welt. Der Landesverband vermittelt Interessierten Adressen der verschiedenen Geschäftsstellen vor Ort.

Kinderradiogruppe

Radiowerkstatt/ Bielefelder Jugendring

Ravensberger Str. 12, 33602 Bielefeld, Tel. 0521-557 52 50. Studio: Jakob-Kaiser-Str. 2c, info@bielefelder-jugendring.de, www.bielefelder-jugendring.de.

„Kurzwelle“ nennen sich die Bielefelder Radiokids. In der Radiowerkstatt können die „Kurzen“ ab sechs Jahren kostenlos probieren, wie ein Moderator zu sprechen oder ein Hörspiel zu schreiben. Die Lieblingsmusik auszusuchen und eine Sendung zu „fahren“ ist so spannend, dass viele Kinder lange dabeibleiben. Radio machen, das heißt Technik lernen und mit einem Mikrofon neugierige Fragen stellen. Die Antworten werden aufgenommen und im Studio ge-

Foto: Fotolia.com/Marzanna Syncerz

schnitten. Schließlich entsteht eine Sendung, die im Bürgerfunk läuft. Viele Kinder sind Fans dieser Sendung, denn sie verstehen, worum es geht. Neugierig geworden? Einfach das Radio einschalten oder mitmachen.

Pfadfinder

Deutsche Pfadfinderschaft Sankt Georg

Am Busdorf 9, 33098 Paderborn, Tel. 05251-288 84 30, info@dpsg.de, www.dpsg.de.

Zu aufrechten und kritischen Menschen, die ihre Kirche und die Gesellschaft aktiv und konstruktiv mitgestalten, sollen Kinder und Jugendliche von sieben bis 20 Jahren in der Deutschen Pfadfinderschaft Sankt Georg werden. Alle Themen des täglichen Lebens werden in die Kinderarbeit integriert. Aktiver Umweltschutz ist den Gruppen genauso wichtig wie Behindertenhilfe, politische Diskussionsrunden oder interkultureller Austausch. „Scouting is doing“ heißt es für Kids, die jede Menge Lust auf modernes Kirchenleben, soziale Verantwortung und auf urige Zeltlager haben.

Ab einem Jahresbeitrag von € 27 können sich begeisterte Kinder anmelden: bei den Wölflingen (8-10 J.), bei den Jungpfadfindern (11-13 J.), bei den Pfadfindern (14-16 J.) oder den Rovern (17-20 J.). Folgende Ansprechpartner helfen weiter:

- *Augustdorf: Markus Lücking, Tel. 05237-89 84 16.*
- *Barntrup: Florian Dörries, Tel. 05263-45 78.*
- *Bielefeld: Markus Myrczik, Tel. 0521-29 53 24.*
- *Detmold: Andreas Dziemba, Tel. 05231-521 66 38.*
- *Gütersloh-Spexard: Jörg Rehage, Tel. 05241-70 31 10.*
- *Lemgo: Jörn Stockmann, Tel. 05261-557 60 79.*
- *Nordborchen: Karin Striewe, Tel. 05251-29 12 33.*
- *Paderborn: Ralf Stemmer, Tel. 05251-873 67 17.*

Verband Christlicher Pfadfinderinnen und Pfadfinder

Syburger Dorfstr. 135, 44265 Dortmund, Tel. 0231-774 96 40, westfalen@vcp.de, www.vcp-westfalen.de.

Wussten Sie, dass die Pfadfinder schon 1907 entstanden sind? Vor über 90 Jahren führte der britische General Sir Robert Stephenson Smith Baden-Powell ein Sommercamp mit 26 Jungen durch

und baute eine Jugendbewegung auf, die sich für den Frieden einsetzte. Baden-Powell schrieb ein Buch mit dem Titel „Scouting for Boys". Diese Publikation inspirierte Jugendliche und Erzieher in der ganzen Welt. Heute gibt es in 137 Ländern rund 30 Millionen Pfadfinder. Der Verband Christlicher Pfadfinder (VCP) gehört zu den größten Organisationen in Deutschland. Er ist das evangelische Gegenstück zur katholischen Pfadfinderschaft St. Georg. In Ostwestfalen-Lippe sind folgende VCP-Ansprechpartner erreichbar:

▶ *Dörentrup: Corinna Plöger, Tel. 05263-95 40 63.*

▶ *Bielefeld: Thorsten Bläker, Tel. 0521-430 99 75.*

▶ *Löhne: Irmlind Hess, Tel. 05732-86 50.*

▶ *Minden: Anna-Lena Zschoche, Tel. 0571-564 10.*

Umwelt- & Naturschutz

BUNDjugend NRW

Lütgen Grandweg 3, 59494 Soest, Tel. 02921-336 40, info@bundjugend-nrw.de, www.bundjugend-nrw.de.

Sie nehmen wandernde Kröten unter ihre Fittiche, bauen abschreckende Müllmonster, pflanzen Bäume, bauen Baumhäuser oder legen Teiche an: Die Aktivitäten der Kindergruppen in der BUNDjugend sind breit gefächert. In der Region existieren etwa zehn Gruppen des Bundes für Umwelt und Naturschutz Deutschland, in denen sich Kinder zwischen fünf und 14 Jahren zusammengeschlossen haben. Üblich ist ein Treffen pro Woche, auf dem ausgetüftelt wird, welche Aktionen sinnvoll sind. Ansprechpartner für die Gruppen vermittelt die Landesgeschäftsstelle unter o.g. Telefonnummer. Hier gibt's Infos über die Jugendfreizeiten und -camps.

Greenpeace

Große Elbstr. 39, 22767 Hamburg, Tel. 040-30 61 80, mail@greenpeace.de, www.greenpeace4kids.de.

Der Baumarkt um die Ecke hat Tropenholz? Nach dem Stadtteilfest entsteht ein Müllberg aus Einweggeschirr? Das sind Fälle für die Greenteams. So heißen die Jugendgruppen, die sich unter dem Dach der Umweltorganisation Greenpeace zusammengeschlossen haben. Inzwischen gibt es schon 1.500 solcher Gruppen im Bundesgebiet. Wie kommen die Umweltschützer zu einem Greenteam? Sie suchen sich mindestens fünf Gleichgesinnte zwischen zehn und 14 Jahren und eine erwachsene Begleitperson. Schulklassen und einzelne Arbeitsgruppen anderer Jugendeinrichtungen können aktiv werden. In Ostwestfalen-Lippe, genauer in Bielefeld, gibt es bislang nur wenige Greenteams. Info-Material über die Arbeit der grünen Teams erhalten Sie bei folgenden Ansprechpartnern:

▶ *Greenteam Bielefeld, c/o Umweltzentrum Bielefeld,*

August-Bebel-Str. 16-18, 33602 Bielefeld, Tel. 0521-17 90 82.
▶ *Greenpeace Paderborn, Kontakt: Carina Friedel, Tel. 0174-694 29 30.*

Naturfreundejugend
Auf dem Langen Kampe 42, 33607 Bielefeld, Tel. 0521-32 27 08, info@naturfreunde-nrw.de, www.naturfreunde-nrw.de.
Die Naturfreunde gab es schon, als sonst kaum einer den Umweltschutz zum Thema gemacht hat. Junge Naturliebhaber ab fünf Jahren können vom Erfahrungsschatz der Organisation profitieren und zum Wandern, Basteln und Spielen in die Kindergruppen kommen. Der Jahresbeitrag beträgt für Kinder um die € 10, Erwachsene zahlen ca. € 26. Die Naturfreunde verfügen über zahlreiche eigene Häuser, in denen man Freizeiten verbringen kann, bei denen Entdeckungstouren in die Natur und der gemeinsame Spaß im Vordergrund stehen. Unter folgenden Adressen erhalten Nichtmitglieder Informationen über die Freizeiten:
▶ *Naturfreundejugend, Haus Humboldtstein, 53424 Remagen-Rolandseck, Tel. 02228-941 50.*
▶ *Naturfreundehaus, In den Tannen 63, 32584 Löhne, Tel. 05731-810 12.*
Detaillierte Informationen über die einzelnen Ortsgruppen und deren verschiedene Angebote erhalten interessierte Naturschützer beim Landesverband unter Tel. 0521-304 40 03.

Naturschutzjugend Nordrhein-Westfalen
Merowingerstr. 88, 40225 Düsseldorf, Tel. 0211-15 92 51 30, mail@naju-nrw.de, www.naju-nrw.de.
Mit dem Naturschutzbund für Erwachsene fing es an, inzwischen hat die Naturschutzjugend eine eigene Geschäftsstelle. Kein Wunder, schließlich engagieren sich bundesweit mehr als 40.000 Kinder und Jugendliche in über tausend Gruppen. Schon Sechsjährige erfahren hier, was in der Natur richtig oder falsch läuft. Auf naturkundlichen Wanderungen lernen sie, genau hinzuhören und zu schauen, und als „Umweltdetektive" werden die jugendlichen Naturschützer vor Ort aktiv. Sie hängen selbst gebaute Nistkästen auf, stellen Krötenzäune auf, damit die Amphibien sicher über die Straße kommen, oder schneiden Gewässer von zu viel Bewuchs frei.
Weitere Ansprechpartner:
▶ *Bad Salzuflen: Wolfgang Brehm, Tel. 05222-721 27.*
▶ *Detmold: Malte Neuhaus, Tel. 05231-592 40.*
▶ *Halle: Joachim Schwittay, Tel. 05201-48 51.*
▶ *Paderborn: Thomas Hüvelmeier, Tel. 05251-32 11 11.*
▶ *Marienmünster: Theo Elberich, Tel. 05284-57 00.*
▶ *Schloss Holte-Stukenbrock: Wolfgang Strototte, Tel. 05207-64 25.*
▶ *Lübbecke: Klaus Sostmeyer, Tel. 0571-455 55.*
▶ *Lippe: Geschäftsstelle Landesverband in Lemgo, Tel. 05261-25 02 47.*

FERIEN!
Foto: iStockphoto.com/Daniela Andreea Spyropoulos

FERIEN IN OSTWEST-FALEN-LIPPE

Ferientickets

Sommerzeit ist Reisezeit, und damit die „Balkonier" mobil bleiben, bieten viele Städte ermäßigte Tickets für öffentliche Verkehrsmittel an. Infos erhalten Sie u.a. bei den Kartenverkaufsstellen:

▶ *Verkehrsgemeinschaft OWL, Willy-Brandt-Platz 2, 33602 Bielefeld, Tel. 0521-557 66 60.*

▶ *PaderSprinter Paderborn, Fahrgast Info – Zentralstation, Tel. 05251-503 60 40.*

▶ *NVG, 33790 Halle, Tel. 05201-82 80 28.*

▶ *BVO, Am Bahnhof 6, 33602 Bielefeld, Tel. 05 21-52 07 00.*

Ferienangebote der AWO

Arbeiterwohlfahrt (AWO) Hiddenhausen

Unter der Weide 14, 32120 Hiddenhausen, Tel. 05223-870 74, post@awo-owl.de, www.awo-owl.de.

In Hiddenhausen und in fast allen Ortsgruppen der Arbeiterwohlfahrt werden Ferienspiele angeboten. Infos gefällig? Schauen Sie im Telefonbuch unter dem Stichwort „Arbeiterwohlfahrt" nach oder schauen Sie ins Internet.

Ferienangebote der Städte

Dafür, dass unter daheim gebliebenen Kindern keine Langeweile aufkommt, sorgen die Ferienprogramme der Kommunen. Anmeldung vor den Ferien nicht vergessen!

▶ *Jugendamt Bielefeld, Tel. 0521-51 50 55.*

▶ *Jugend- und Sportamt Paderborn, Tel. 05251-880.*

▶ *Jugend- und Sportamt Gütersloh, Tel. 05241-821.*

▶ *Jugendamt Herford, Tel. 05221-18 90.*

▶ *Jugendamt Detmold, Tel. 05231-97 79 68.*

▶ *Jugendtreff Höxter, Tel. 05271-92 03 93 (Mi 10-12 Uhr).*

▶ *Jugendamt Lübbecke, Tel. 05741-27 61 74.*

Kinderfreundliche Übernachtungen

Helfgerds Heidelandhof

Holzheide 4, 33449 Langenberg (Benteler), Tel. 05248-60 92 39.

Hier wird das Bett mit der Forke gemacht: Wenn Sie mit Ihren Kindern etwas Außergewöhnliches unternehmen möchten, melden Sie sich für eine Nacht im Strohhotel an. Einer Kissen-, pardon, Strohschlacht auf dem Heuboden steht nichts im Wege. Geweckt werden Gäste stilecht vom ersten Hahnenschrei. Danach gibt es ein kräftiges Bauernfrühstück. Pro Person und Übernachtung kostet der Spaß für Kinder € 13,50 und für Erwachsene € 15.

Stadt Petershagen – Rast im Knast

Mindener Str. 16, 32469 Petershagen, Tel. 05702-80 01 20, www.rast-im-knast.eu.
In einem echten Gefängnis kann in Petershagen übernachtet werden. Seit 1913 gibt es den „Knast" im Kreis Minden-Lübbecke. Damit die schweren Jungs nicht fliehen konnten, wurde eine fast fünf Meter hohe Mauer um den Gefängnishof gezogen. Heute kann man eine Zelle mit Frühstück buchen. Anmeldung: März-Okt Di-So 14-22 Uhr in der Cafeteria des Alten Amtsgerichts, Tel. 05707-80 01 20. Kosten: Kinder (bis 12 J.) ca. € 22, Erwachsene ca. € 25. Wichtig: rechtzeitig anmelden.

Reiterhöfe

Deutsche Reiterliche Vereinigung

Freiherr-von-Langen-Str. 13, 48231 Warendorf, Tel. 02581-636 20, fn@fn-dokr.de, www.fn-kids.de.
Im Weser- und Wiehengebirge und im Teutoburger Wald gibt es

Foto: Fotolia.com/Elena Elisseeva

Das Glück dieser Erde liegt auf dem Rücken der Pferde

unzählige Reiterhöfe. Im benachbarten Warendorf werden bekanntermaßen gute Pferde gezüchtet, aus Ostwestfalen-Lippe stammen viele Champions. Die „Deutsche Reiterliche Vereinigung" gibt weitere Infos rund um die geliebten Vierbeiner.

Reiterhof Hünderserberg
Hünderserberg 72, 32108 Bad Salzuflen, Tel. 05222-24 25. Anf.: A2, Abf. 28, Ri. B239/Lemgo, Retzen links ab.

Der Reiterhof Hünderserberg liegt in sehr schöner Umgebung. Reitsportfans wird allerhand geboten: eine Reithalle, ein Außenreitplatz und ein Springparcours. Zweimal am Tag heißt es für die Gäste: Hufe auskratzen, Mähnen kämmen, Pferde striegeln und satteln. Wer lange geübt hat und sich ein bisschen mit der Reiterei auskennt, kann auf dem Hof gegen eine Extragebühr das „kleine Hufeisen" absolvieren. Kosten: € 40/Tag.

Ob sich hier im Fluss auch Fische tummeln?

Fernweh? Ab in den Urlaub!

Reiterhof Salzetal
Gut Steinbeck 3, 32108 Bad Salzuflen, Tel. 05222-130 80, info@reiterhof.de, www.reiterhof.de. Anfahrt: von Bad Salzuflen Extersche Str. Ri. Exter, dann rechts auf Beschilderung achten.
Rund 50 Pferde warten auf dem Reiterhof Salzetal auf reitwütige Mädchen und Jungen zwischen sechs und 16 Jahren. Besonderer Clou: Die Zimmer mit bis zu sechs Betten werden stilecht „Boxen" genannt, genauso wie die Unterkünfte der Pferde. Ein Tag inklusive Übernachtung, Vollpension und zwei Reitstunden kostet € 43, das 3-Tage-Wochende kann schon ab € 75 gebucht werden.

Außerdem können Kinder auch hier Urlaub auf dem Reiterhof machen:

▶ *Spiekerhof, Fam. Nawrath, Wichlinghausen 11, 33829 Borgholzhausen, Tel. 05425-71 34.*
▶ *Reiterhof Überems, Sabine Stefan, Kortenhegge 5, 33428 Harsewinkel, Tel. 05247-24 06.*
▶ *Landhotel Gut Externbrock, Herr Beermann/Frau Janik, 33039 Nieheim, Tel. 05274-12 24.*
▶ *Reiterhof Wortmann, Fam. Wortmann/Ahlemeyer, Niedermühlenweg 18, 32139 Spenge, Tel. 05225-798 62 u. 14 68.*
▶ *Hubertus Albersmeier – Gut Dalheim, Zur Diemelmühle 25, 34414 Warburg, Tel. 05641-55 63.*

Sportliche Ferien

Einradfahren, Jonglieren, Akrobatik – oder steht der Kindersinn mehr nach Seiltanzen? Viele Sportämter bieten in der Ferienzeit unkonventionelle und bei Kindern beliebte Bewegungsformen an. Die sportiven Angebote kosten meist nur € 5 pro Woche. Die zuständigen Sportämter erreichen Sie über die jeweilige Kreis- oder Stadtverwaltung. Und das Beste daran: Die Kinder sind bei diesen Angeboten nicht allein, sondern treffen Freunde oder lernen ständig andere Kinder kennen. So ergibt sich beim kreativen Spielen in der Gruppe ein Dynamik, die die Ferien zum einmaligen Sommerspaß machen.

Handfeste Höhenflüge mit Mama und Papa

FERIEN AUSSERHALB

Familienreiseveranstalter

Eurocamp
Heimhuder Str. 72, 20148 Hamburg, Tel. 01805-20 25 00, info@eurocamp.de, www.eurocamp.de.
Eurocamp vermietet fix und fertig eingerichtete Bungalowzelte und Luxus-Caravans auf rund 170 Top-Campingplätzen in den schönsten Urlaubsgebieten Europas. Attraktive Serviceangebote für Familien: Kinder bekommen altersgerecht konzipierte Reiseunterlagen mit tollen Überraschungen. So ausgerüstet verläuft auch die längste Autofahrt einigermaßen stressfrei. Und vor Ort geht's weiter: Für um die € 4 pro Tag können Sie für Ihre Kinder ein extra Juniorzelt buchen. Auch mit Baby droht keine Schlepperei: Für ca. € 1,50 pro Tag steht ein Hochstuhl bereit. Auf den 30 „Bambino-Plätzen" gibt es weiteres Zubehör wie z.B. den Laufstall. Selbstverständlich ist für Babysitter gesorgt (ab € 4 pro Stunde, ab Mitternacht ab € 8).

Auf alle Kinder ab vier Jahren warten Spielleiter mit unendlich vielen Ideen (kostenlos). Und die Eltern? Die können relaxen.

JAKO-O Kinderveranstaltungen GmbH

Postfach 1150, 96473 Bad Rodach, Tel. 09564-92 93 46, www.jako-o.de.
Bei einer JAKO-O-Familienfreizeit wird Familienurlaub wörtlich genommen: kein separates Kinder- und Erwachsenenprogramm, sondern Spiel und Spaß für die ganze Familie. Da haben Papa und Sohnemann gemeinsame Erfolgserlebnisse beim Wasserbombenweitwurf, und wer hätte gedacht, dass Mama so schöne Flöße bauen kann? Die Freizeiten finden im Frankenwald statt und stehen meist unter einem Motto: Da ist man „Auf den Spuren der Indianer", veranstaltet „Zirkusluft" oder wird gejagt „Von Rittern und Burggespenstern". Die Preise gelten für zwei Erwachsene und zwei Kinder, für jedes weitere Kind werden ca. € 10 pro Tag berechnet. Familien mit einem Kind zahlen nur 80 Prozent des Familienpreises. Eine Woche kostet pro Familie ca. € 1.100 (inklusive Vollpension).

KUF-Reisen

Hauptstr. 5, 88090 Immenstaad, Tel. 07545-60 77, info@kuf-reisen.de, www.kuf-reisen.de.
KUF-Reisen ist seit über 20 Jahren auf Urlaub mit Kindern spezialisiert. Vom Babyhotel bis zur Clubanlage mit Teenager-Programm, vom urigen Bauernhof bis zum Vier-Sterne-Hotel finden Familien dort sorgfältig geprüfte Ferienziele in Dänemark, Deutschland, Österreich, der Schweiz, Italien, Griechenland, auf Malta und den spanischen Inseln. Alle Angebote bieten eine Kinderbetreuung. Nach praktischen bzw. lebensnotwendigen Kindermöbeln wie Hochstuhl und Kinderbett brauchen Sie am Urlaubsort gar nicht erst zu fragen – die sind selbstverständlich vorhanden. Spielplätze und Freizeitmöglichkeiten werden ebenfalls im Katalog genannt.

Vamos

Hindenburgstr. 27, 30175 Hannover, Tel. 0511-348 19 17, kontakt@vamos-reisen.de, www.vamos-reisen.de.
„Vamos" hat sich auf Eltern-Kind-Reisen spezialisiert. Im Mittelpunkt stehen naturnahe Familienferien in kleinen Hotels mit Kinderbetreuung in Deutschland, Italien, Frankreich oder Spanien. Es lohnt, einen Blick in die Kataloge zu werfen und dann in aller Ruhe zu entscheiden, ob etwas für Ihre Familie dabei ist.

Kinderreisen

Go Voyage Jugendreisen

Nord-West-Ring 4, 32832 Augustdorf, Tel. 05237-89 08 21, info@govoyage.de, www.govoyage.de.
Einmal ohne die Eltern in die Ferien fahren – das ist für viele Kinder

das Tollste. Go Voyage bietet Angebote für Kids, die ihre Ferien lieber mit Gleichaltrigen verbringen wollen. Egal ob Abenteuerurlaub, Sport- oder Kulturferien: Das Programm bietet etwas für jeden Geschmack und für jede Altersstufe. Kinder (ab 8 J.) können sich in die Piratenferien auf der Insel Usedom stürzen. Vollpension und Betreuung machen sorgenfrei. Da können die Kleinen Floßfahrten, Piratenabenteuer und Flaggenanfertigung voll und ganz genießen. Ältere Kinder (ab 12 J.) fahren zum „Beachen und Biken" in die Toskana. Die Kosten für den Urlaub beginnen bei € 200. Der Katalog kann telefonisch oder via Mail angefordert werden; es empfiehlt sich, die Kinder früh anzumelden.

Mind Unlimited
Forsthausstr. 56, 35043 Marburg, Tel. 06421-948 48-0, office@mind-unlimited.com, www.mind-unlimited.com.
Ferienspaß kombiniert mit Lernen? Zugegeben, auf den ersten Blick klingt das nicht gerade verlockend. Eigentlich wollen Kinder ja in den Ferien alle Schulsorgen über Bord werfen und richtig Urlaub machen. Dem kindlichen Urlaubsgenuss tut die sanfte Paukerei, die „Mind Unlimited" bietet, keinen Abbruch. Gebüffelt wird ja nicht in sterilen Klassenzimmern, sondern in alten Schlössern. Vor Kursbeginn wird zusammen mit Kindern, Eltern und Lehrern geklärt, welche Fächer unterrichtet werden sollen. Außer den klassischen Lehrfächern wie Mathematik, Deutsch, Biologie und Englisch werden Rhetorikkurse angeboten (zwei Doppelstunden täglich). Eine Woche kostet ab ca. € 550, ein Wochenende ca. € 140.

Das Meer ruft!

Weitere Kinderreiseveranstalter
Möchten Ihre Kinder allein verreisen? Mit folgenden Reiseveranstaltern können Sie die Kleinen beruhigt in die Ferien schicken. Auch für Familienferien sind dies die richtigen Ansprechpartner:

▶ *Bambino-Tours, Ockershäuser Schulgasse 31, 35037 Marburg (Postanschrift: Postfach 200 544, 35017 Marburg), Tel. 06421-93 10 00, bambino-tours@t-online.de,*

www.bambino-tours.de.
Seit Jahren eine feste Größe im deutschen Tourismus mit Kindern. Hier können Sie auch Kultururlaub buchen. Auf Wunsch: ganztägige Kinderbetreuung.

▶ *Intervac-Deutschland, Am Hährenwald 15, 75378 Bad Liebenzell, Tel. 07052-93 24 06, info@haustausch.de, www.haustausch.de, Kontakt: Leoni Günzler.*

▶ *rfb-Touristik, im Reisebüro Clemens, Lufthansa City Center, Marktstr. 5, 41236 Mönchengladbach, Tel. 02166-618 90 20, www.rfb-touristik.de, rfb-touristik@t-online.de.*
Reisen für Menschen mit und ohne Handicap.

▶ *travel-to-nature, Franz-Hess-Str. 4, 79282 Ballrechten, Tel. 07634-505 50, info@travelto nature.de, www.travel-to-nature.de.*

Wasservergnügen mit Papa

Fotos: iStockphoto.com/Andrew Hyslop, Fotolia.com/Freefly

Sprachreisen

Berlitz Kids
Coole Ferien verbringen und nebenher die Englischkenntnisse aufpolieren – das können Kinder ab sieben Jahren in den Ferien-Camps von Berlitz Kids. Da heißt es „learning by doing" – Englisch sprechen von morgens bis abends. Und ganz nebenbei bereiten die sieben- bis 16-jährigen Teilnehmer in Workshops ein nettes Unterhaltungsprogramm vor, z.B. die Show „Who wants to be a millionaire?". Englische Muttersprachler sorgen für die Betreuung, untergebracht sind die kleinen Englisch-Fans während der ein bis zwei Wochen dauernden Camps in Jugendherbergen oder Ferienheimen. Für eine Woche auf Langeoog zahlen Sie z.B. € 525. Wo in Ihrer Nähe ein solch spannendes Ferien-Camp stattfindet, erfahren Sie im Internet unter www.berlitz.de.

Interaktiv-Reisen e.V.
Hans-Sachs-Str. 16, 40721 Hilden, Tel. 02103-36 18 36, info@interaktiv-ev.de, www.interaktiv-ev.de.
Seit mehr als 15 Jahren bietet der gemeinnützige Verein „Interaktiv-Reisen e.V." Sprachferien in England an. Im Vordergrund stehen nicht pausenloses Pauken und Lernstress, sondern die individuellen Vorlieben der Sprachschüler.

So wird jeder Bewerber vor Reisebeginn zu seinen Interessen befragt. Anschließend versucht das Interaktiv-Team, den Schüler in einer Familie unterzubringen, die ihm zusagt. So kann es vorkommen, dass ein passionierter Fußball-Fan sich in der Familie eines Fußballtrainers wiederfindet. Statt Shakespeare-Sonette zu rezitieren, darf er den Alltag auf dem Trainingsplatz miterleben. Dass die Entwicklung der hierfür notwendigen Sprachkenntnisse so viel entspannter und beständiger vonstattengeht als in vielen Ferienschulen, ist eigentlich nicht verwunderlich. Natürlich wird das „normale" Lernprogramm nicht vernachlässigt. Die Preise für zwei Wochen England variieren zwischen € 890 und € 1.120. Genaue Infos erhalten Sie auf der Homepage des Vereins.

Kompass-Sprachreisen
Limburgstr. 11b, 40235 Düsseldorf, Tel. 0211-69 91 30, info@kompass-sprach reisen.de, www.kompass-sprachrei sen.de.
Kompass-Sprachreisen gehören zu „den" Anbietern von Sprachreisen für Kinder und Jugendliche. Für Kids ab elf Jahren, die ihr Englisch vor Ort verbessern möchten, ist eine Reise nach Whitstable im Angebot. Das britische Küstenstädtchen trumpft mit malerischen Stränden auf und ist nur wenige Kilometer von Englands berühmter Pilgerstätte Canterbury entfernt. Im Preis enthalten sind verschiedene Ausflüge, u.a. nach London, Canterbury, Hastings und in ein Roller-Skating-Centre. Die Kinder reisen in Gruppen mit einem deutschen Lehrer hierher und werden vor Ort zusätzlich von englischen Lehrern betreut. Sie wohnen bei Gasteltern, die es gewohnt sind, sich um ihre „Kinder auf Zeit" intensiv und liebevoll zu kümmern. Während der Woche findet täglich Unterricht von 9 bis 12 Uhr statt, danach sorgt ein vielseitiges Freizeitprogramm für Spaß und Entspannung. Wer sein Französisch aufpolieren möchte, kann dies in scöner Naturumgebung machen, z.B. an der Côte d'Azur. Zur Auswahl an Reisezielen stehen die südfranzösischen Städte Nizza, Antibes und Hyères-La Crau. Denn in der paradiesischen Sonne lässt sich die Sprache viel leichter aufnehmen als im grauen Klassenzimmer in der Heimat. Die Sprachreisen kosten für 14 Tage ab € 1.245. Für Jugendliche (ab 14 J.) sind viele Sprachreisen und Camps auch nach Kanada, Frankreich, Jersey, Malta und in die USA im Programm.

TIPPS & ADRESSEN

Foto: Fotolia.com/Kameel

EINKAUFEN & DIENST-LEISTER

Bücher

Kafka & Co
Krumme Str. 8, 32756 Detmold, Tel. 05231-395 69.
Der Name der Buchhandlung ist Programm. Bei „Kafka & Co“ wird nicht auf „Bücher von der Stange“, sondern auf anspruchsvolle Literatur für Kinder gesetzt. Zum „Testschmökern“ können es sich die kleinen Kunden in aller Ruhe auf Kinderstühlen in einem abgetrennten Bereich bequem machen. Praktisch: Die 160 Quadratmeter große Buchhandlung liegt nur 20 Meter von der Fußgängerzone entfernt.

Kinderbuchladen
Neustädter Str. 12, 33602 Bielefeld, Tel. 0521-12 32 74.
Zeit zum Schmökern möchten sich Klein und Groß immer dann nehmen, wenn sie am „Kinderbuchladen“ vorbeikommen. Die Leseecke sieht gemütlich aus, und die in die Bücher vertieften Leseratten scheinen in ihrer Fantasie Helden verwegener Abenteuer zu sein.

Bücherstube Pegasus
Mittelstr. 63, 32657 Lemgo, Tel. 05261-47 77.
Wenn Heide-Marie Kaiser, die Inhaberin der Bücherstube, ihr Kinderbuchsortiment charakterisiert, reichen ihr wenige Worte: „Wir haben alles, was gut ist!“ Kleine Bücherfans erfreut die kuschelige, gemütliche Spielecke, zu der Erwachsene keinen Zutritt haben. Extra für Kids: Lesungen mit einem Schauspieler des Detmolder Landestheaters.

Linnemann
Westernstr. 31, 33098 Paderborn, Tel. 05251-285 50.
Im Obergeschoss der Buchhandlung Linnemann finden Eltern und Kids ein großes Angebot an Kinderbüchern. Von Märchenbüchern bis zu Kinderkrimis und Pferdebüchern gibt es alles, was kleine Leseratten lieben. Wenn sie es sich an Ort und Stelle gemütlich machen wollen, kuscheln sich die Kids in eine Ecke der großen Holzeisenbahn. Zudem veranstaltet die Buchhandlung kostenlose Nachmittage für Kinder.

Bücher sind voller Wunder

Weitere gut sortierte Kinderbuchabteilungen haben:

▶ *Buchhandlung Scherer, Paul-Baehr-Str. 4, 32545 Bad Oeynhausen, Tel. 05731-221 94.*

▶ *Buchhandlung Emil Maschke, Osterstr. 48, 32105 Bad Salzuflen, Tel. 05222-588 87.*

▶ *Thalia-Universitätsbuchhandlung, Oberntorwall 23, 33602 Bielefeld, Tel. 0521-58 30 60.*

▶ *Buchhandlung Wilhelm Osthus, Königstr. 10, 33330 Gütersloh, Tel. 05241-923 40.*

▶ *Buchhandlung Erich Otto, Höckerstr. 6, 32052 Herford, Tel. 05221-531 79.*

▶ *Buchhandlung Brückmann, Lange Str. 79, 32791 Lage, Tel. 05232-34 32.*

▶ *Buch und Kunst Julius Henze, An der Kilianikirche 2, 37671 Höxter, Tel. 05271-22 71.*

▶ *Bücherstube Günther Oelschläger, Lange Str. 46, 32312 Lübbecke, Tel. 05741-85 84.*

▶ *Buchhandlung Thalia, Rathausplatz 19, 33098 Paderborn, Tel. 05251-87 30 60.*

▶ *Buchhandlung am Kirchplatz, Kirchplatz 10, 33803 Steinhagen, Tel. 05204-51 19.*

▶ *Buchhandlung Krüger, Münsterstr. 1, 33775 Versmold, Tel. 05423-28 01.*

▶ *Pegasus Buchhandlung, Wilhelmstr. 17, 33415 Verl, Tel. 05246-63 19.*

▶ *Buchhandlung Lesezeichen, Ravensberger Str. 41, 33824 Werther, Tel. 05203-88 44 63.*

Kinderfreundliche Cafés & Restaurants

Flugzeug-Café

Ziegeleistr. 35, 32361 Preußisch Oldendorf, Tel. 05742-20 60. Anfahrt: von Minden B65 Ri. Bad Essen.

„Bitte stellen Sie die Sitze gerade und schnallen Sie sich an, wir starten in wenigen Minuten." Holsings Flugzeug wird die Räder nicht mehr vom Boden heben. Die alte Propellermaschine ist ausgemustert – genau richtig für kleine Technikfans, die auf sicherem Boden im Cockpit Pilot spielen wollen. Mit den spannenden Zeigern, Lämpchen, Schaltern und Hebeln ist es leicht, sich vorzustellen, dass

Foto: Fotolia.com/Tino Hemmann

man gerade über der Freiheitsstatue seine Kreise zieht. Die Eltern sitzen derweil bei Kaffee und Kuchen in der ersten Klasse. Denn „Café einmal ganz anders" lautet das Motto des alten Vogels. Öffnungszeiten: Di-So 14-18 Uhr.

Seekrug am Obersee
Loheide 22a, 33602 Bielefeld, Tel. 0521-810 81, info@seekrug.com, www.seekrug.com.
Sonntags im Seekrug direkt am Obersee frühstücken gehen, das ist für die Kleinen eine große Sache. Wenn der Hunger am bunt bestückten Buffet gestillt ist, geht's nach draußen zum kleinen Spielplatz am Haus oder zu den zwei großen ein paar Meter entfernt. Streicheltiere, ein Gokart-Verleih und bei schlechtem Wetter ein Duplo-Bauernhof runden das Spielangebot ab. Die Eltern dürfen genüsslich schlemmen: Von 10 bis 12.30 Uhr lockt das Frühstücksbuffet, von 12.30 bis 14.30 Uhr das Mittagsbuffet. Öffnungszeiten: Mo-Sa ab 12, So ab 10 Uhr.

Wald- & Wiesen-Café
Haxtergrund 6, 33100 Paderborn, Tel. 05251-612 87, info@waldundwiesencafe.eu, www.waldundwiesencafe.eu.
Am Rande von Paderborn liegt ein gemütliches Ausflugscafé und -restaurant, das Kindern jede Menge Freiraum bietet. Vor der Tür gibt es einen Spielplatz und

Hier sind die kleinsten Gäste Könige

zwei Basketballfelder (Ball nicht vergessen!). Der Biergarten hinter dem Haus und die große Sonnenterrasse davor sind großzügig angelegt. Im alten Fachwerkhaus, das nach Gutsherrenart eingerichtet und mit Antiquitäten und Kunstgewerbe dekoriert ist, ist Platz für 150 große und kleine Gäste. An Winterabenden brennt ein Feuer im Kamin. Auf der Speisekarte stehen Kindergerichte und natürlich ein Kinder-Eisbecher. Tipp: Nachmittags gibt es Apfelkuchen. Öffnungszeiten: So-Fr bis 23, Sa bis 18 Uhr.

Kindermode

Crosby fashion & style
Lange Str. 62, 32139 Spenge, Tel. 05225-86 02 85.
Wenn aus Kindern Teenager werden, wird die Kleiderfrage oft zum größten Problem. Schon bei vorsichtiger Annäherung an die Kinderabteilung eines Kaufhauses ziehen die Zehnjährigen ein langes Gesicht: „Du willst doch wohl nicht mit mir ...!" Also wohin? Auf zu Crosby! Auf den Bügeln hängt alles, was bei den Youngstern gerade trendy ist. Dieses Geschäft ist eine Wohltat für Eltern mit mehreren Kindern: Sie brauchen nicht von einem Laden in den nächsten zu ziehen, nur weil der gesamte Nachwuchs neue Hosen, Pullover oder Jacken braucht, denn bei Crosby gibt es alles, was das Herz begehrt.

Foto: Fotolia.com/Pavel Losevsky

Kiddy's Lokomotions
Lübberstr. 29, 32052 Herford, Tel. 05221-91 96 54.
Fantasievolle Mode, die Kids gefällt und einfach zu pflegen ist – ausgefallene Designs für Kinder bis zehn Jahre werden in dem kleinen Betrieb selbst entworfen, genäht und in eigenen Boutiquen verkauft. Der Verkauf ohne Groß- und Zwischenhandel funktioniert, weil die Preise bezahlbar bleiben. Exklusivität ist garantiert: Höchstens zweimal wird ein Modell in einer Größe gefertigt. Eine weitere Lokomotions-Kinderboutique finden Sie in Bad Salzuflen (Wenkenstr. 1, 32105 Bad Salzuflen, Tel. 05222-40 06 78).

Kindermoden im Altstadtcarree Tepe
Waldhof 13, 33602 Bielefeld, Tel. 0521-692 93.
Sie suchen eine Winterjacke für Ihr Kind? Oder Mütze, Schal und Handschuhe, die zum Mantel passen? Bei Kindermoden Tepe werden Sie bestens beraten und be-

dient. Vom Baby bis zum Teenager können alle Altersklassen mit modischen Sachen ausgestattet werden. Nacht- und Unterwäsche runden das Sortiment ab.

Marie Moritz – Mode für Kids
Rosenstr. 13-15 (Rathaus-Passage), 33098 Paderborn, Tel. 05251-29 61 66.
Nur besonders schöne Stücke sind bei Marie Moritz zu finden, einer gemütlichen Kinderboutique. Jungs begeistert die sportliche Diesel-Kollektion, Mädchen stehen mehr auf die bunten Sachen von Barbara Farber aus Holland, und für die Kleinen ist Sigikid im Angebot. Die Beratung ist versiert, und die Kids können in einer Ecke spielen, wenn sie nicht mit der Anprobe beschäftigt sind. Wer die Mode für den Nachwuchs selbst stricken möchte, findet in der Rosenstraße Qualitätswolle und jede Menge Strickmuster und Anregungen in Anleitungsheften.

Pinats – Kids Wear
Mittelstr. 21, 32635 Lemgo, Tel. 05261-36 92.
In der kleinen, schnuckeligen Kinderboutique Pinats findet man die Trends für Kids von zwei bis 14 Jahren. Bewährte Modemarken wie Mexx, Tom Tailor und Esprit sind u.a. mit Hosen, Pullovern und Jacken im Angebot. Eltern werden individuell beraten, und obwohl der Laden verhältnismäßig klein ist, findet man eine große Auswahl, auch an Babybekleidung. Eine weitere Pinats-Filiale gibt es in 32756 Detmold, Unter der Wehme 3, Tel. 05231-296 82.

Kinderschuhe

Degen
Niedernstr. 28, 33602 Bielefeld, Tel. 0521-965 87 10.
Die Stiefel sind schon wieder zu klein? Kinder wachsen so schnell aus ihren Schuhen heraus. Vor allem für die gesunde Entwicklung der Wirbelsäule und für die Vermeidung späterer Haltungsschäden ist es wichtig, passende Schuhe zu tragen. Schicke und wetterfeste Markenschuhe erfüllen meist alle Ansprüche, die Kinder und Eltern an gutes Schuhwerk stellen. Bei Degen gibt es Kinderschuhe in einer großen Auswahl – mit guter Beratung. Damit das Anprobieren nicht langweilig wird, können die Kleinen ab und zu eine kleine Spielpause einlegen und auf der Rutsche vom Erdgeschoss wieder in die Kinderabteilung düsen.

Schickes aus zweiter Hand

Foto: Fotolia.com/Sylvia Zimmermann

Zumnorde
Marienplatz 9, 33098 Paderborn, Tel. 05251-10 78 0.
Einkaufsmuffel, aufgepasst: Hier gibt es eine Rutsche in der Kinderabteilung, die den Schuhkauf versüßt. Neben dem Spielgerät erwartet die Kunden eine riesen Auswahl von der Sandale bis zum Winterstiefel. Wie soll es denn sein: Bunt oder lieber doch dezent? Zum Schnüren oder doch lieber mit Klettverschluss? Aus Goretex oder aus Leder? Die Verkäuferinnen helfen, das passende Schuhwerk in dieser großen Auswahl zu finden. Sie beraten auch bei der Größenwahl für die kleinen Füße. Eine weitere Filiale gibt's in 32756 Detmold in der Langen Str. 51, Tel. 05231-97 49 90.

Modellbau & Bastelbedarf

Den rasantesten Porsche, die schnittigste Jacht und die urigste Eisenbahn sind für Modellbaufans das Größte. Bastelfans haben es am liebsten, wenn in der Schachtel möglichst viele Einzelteile stecken, die auf kniffelige Weise zusammengesetzt werden müssen.

Modellbauläden mit großem Sortiment:
▶ *Modellbau Sester, Friedrichstr. 7, 33102 Paderborn, Tel. 05251-277 82 u. 212 98.*
Uriger Laden, viele Glaskästen mit Loks und Autos, Riesenauswahl und superkompetente Bedienung.
▶ *„Sonntag", Lange Str. 40, 32756 Detmold, Tel. 05231-923 40.*
Hier können in der dritten Etage selbst gebaute Loks Probe gefahren werden.
▶ *Modell & Hobby Bielefeld, Auf dem Langen Kampe 62, 33607 Bielefeld, Tel. 0521-17 06 14.*
Riesenauswahl an Autos, Motorrädern und Flugzeugen.

Modell-Eisenbahn-Club Bielefeld
Heeper Str. 33, 33607 Bielefeld, Tel. 0521-157 89. Vorsitzender Gerd Lutzmann, Tel. 0521-13 17 31.
Wessen Augen leuchten mehr, die des Papas oder die des Sprösslings, wenn das Stichwort „Modelleisenbahn" fällt? Quer durch eine Welt im Miniaturformat geht die rasante Fahrt, ein verzweigtes

Streckennetz gilt es fachgerecht zu koordinieren! Für alle, die sich vor dem Kauf eines Bastelsatzes oder einer Anlage informieren wollen, lohnt ein Abstecher zum Bielefelder Modell-Eisenbahn-Club. Der Club betreibt zwei große Anlagen (Spur N und Spur H0, jeweils 40 Quadratmeter), die an Tagen der offenen Tür (immer um Weihnachten herum) begutachtet und bestaunt werden können. Neugierige haben dann die Möglichkeit, Fragen an die Fachleute zu stellen.

Puppendoktor

Puppenmuseum Sonja
Hans-Lüken-Str. 9, 32469 Petershagen (Windheim), Tel. 05705-72 24, www.petershagen.de.
Der Teddy ist und bleibt ein heiß geliebter Klassiker im Kinderzimmer. Ein Stoffbär leidet nach gewisser Zeit unter Alterserscheinungen, das Fell wird dünn, die Augen trübe und manchmal kommt sogar die Füllung zum Vorschein. Gerade die am meisten geliebte Puppe verliert im Laufe der Jahre Arme, Beine, Haare oder Augen. Da hilft nur eins, um den treuen Gefährten vor der völligen Auflösung zu bewahren: ein Termin beim Puppen- und Bärendoktor im Petershagener Puppenmuseum. Wenn man schon mal da ist, sollte man unbedingt dem Museum einen Besuch abstatten. Öffnungszeiten: Mo-Mi 10-18, Sa/So 10-16 Uhr.

Secondhandshops

Kinderkleidung ist ein ebenso teurer wie kurzlebiger Spaß. Die Kleinen wachsen schneller aus den schicken Klamotten heraus, als man die niedlichen Teilchen nachkaufen kann. Wie gut, dass es Secondhandshops gibt! Hier sind oftmals exquisite Stücke zu günstigen Preisen zu finden. Da jeder Secondhandladen vom Nachschub lebt, kann man selbst den Kleiderschrank erleichtern und gleichzeitig den Geldbeutel füllen.

▶ *Dreikäsehoch, Apfelstr. 23a, 33613 Bielefeld, Tel. 0521-89 66 13.*
▶ *Brings und Kauf – Gebrauchtkaufhaus, Schildescher Str. 95, 33611 Bielefeld, Tel. 0521-98 22 60.*
▶ *Lokolieschen, Siechenmarschstr. 31, 33615 Bielefeld, Tel. 0521-13 06 52.*
▶ *Brockensammlung Bethel, Saronweg 10, 33617 Bielefeld, Tel. 0521-144 43 65, brockensammlung@bethel.de, www.betriebe-bethel.de.*

▶ *Zwergenland Secondhand „Rund ums Kind", Lange Straße 69, 33129 Delbrück, Tel. 05250-99 41 19.*

Weitere Läden in Ostwestfalen-Lippe:

▶ *Jupp & Jule, Westermauer 42, 33098 Paderborn, Tel. 05251-28 16 76.*
▶ *LiLaLö, Westermauer 62, 33098 Paderborn, Tel. 05251-219 85.*
▶ *Rappelkiste, Wewerstr. 10a, 33106 Paderborn-Elsen, Tel. 05254-94 13 63.*
▶ *Evitas Spielzeugland, Detmarstr. 4, 33142 Büren, Tel. 02951-920 70.*
▶ *Die Wundertüte, Rennstr. 40, 32052 Herford, Tel. 05221-152 95.*
▶ *Schatztruhe, Neuenkirchener Str. 28, 33330 Gütersloh, 05241-544-94.*

Spiele & Spielwaren

Spiel & Hobby Brauns
Feilenstr. 10-12, 33602 Bielefeld, Tel. 0521-17 17 22 0. -971 09 90, info.brauns@t-online.de, www.home.spiel-hobby-brauns.de.
Hier finden Kinder alles, was ihr Herz begehrt. In großen Regalen ist ein Spielzeugparadies aufgebaut, das richtig Spaß macht. Neben klassischen Brettspielen und Kleinteilen kommt auch der Modellbau nicht zu kurz. Göffnet: Mo-Fr 10-19, Sa 10-18 Uhr.

SMDV
Böblinger Str. 74, 71065 Sindelfingen, Tel. 07031-86 95 30, info@smdv.de, www.smdv.de.

Meinen Lieblingsteddy gebe ich niemals her!

Foto: iStockphoto/Liza McCorkle

Buchstabensalat

Haben Sie die ganze Nacht gegrübelt, was Sie Ihrem Nachwuchs zum Geburtstag schenken können? Oder hatten Sie die zündende Geschenkidee erst, als alle Läden geschlossen waren? Dann wird es Zeit, dass Sie den SMDV kennenlernen. Denn der Spielwaren-Modellbahn-Direktversand ist per Internet 24 Stunden am Tag erreichbar – grübeln überflüssig. 11.000 Artikel umfasst der Katalog, die preiswert angeboten werden. Den Ärger mit dem Schleppen hat höchstens der Postbote.

Ringelreif

Obernstr. 15, 33602 Bielefeld, Tel. 0521-13 82 00, carlosmata@ringelreif.de, www.ringelreif.de.
Stellen Sie sich vor, es ist kurz vor Weihnachten, der Schnee fällt in weißen Flocken zur Erde, und es ist fast dunkel. Die Einkaufsstraßen der Stadt durchweht eine heimelige Atmosphäre. Zwei Kinder mit Zipfelmützen und rotgefrorenen Wangen drücken sich die Nasen am erleuchteten Schaufenster eines Spielzeuggeschäftes platt. Diese beiden stehen vor „Ringelreif". Das Geschäft ist so schön dekoriert, dass Eltern ehrfürchtig werden und sofort an die „gute alte Zeit" denken. Drinnen gibt es Holzspielzeug, kreatives, pädagogisch sinnvolles Spielgerät, Kuscheltiere in jeder Größe und Form, Zubehör für Indianerspiele sowie Bagger und Bauspielzeug. Öffnungszeiten: Mo-Fr 10-18.30, Sa 10-16 Uhr.

Vedes- und Spielzeugring-Fachgeschäfte

Sigmundstr. 22, 90431 Nürnberg, Tel. 0911-655 65 55, produkte@vedes.de, www.vedes.de.
Die Läden, die der Vereinigung der Spielwaren-Fachgeschäfte (VEDES) und dem Spielzeugring angehören, legen Wert auf gutes Spielzeug. Geduldiges Fachpersonal berät die Kunden. Anfassen und Probespielen sind ausdrücklich erlaubt. Schließlich wollen Kinder wissen, wie rasant man mit dem neuen Roller um die Kurven düsen kann. Sammler kommen auf ihre Kosten: Papa kann stundenlang in der Modellbauabteilung herumlungern. Außer Spielzeug gibt es alles rund um Freizeit, Hobby und Schule zu

kaufen. Wo ein Vedes-Fachgeschäft in Ihrer Nähe ist, erfahren Sie im Internet.

Sportgeräteverleih

Kreissportbund Herford
Amtshausstr. 3, 32051 Herford, Tel. 05221-13 14 36, ksb.herford@gmx.de, www.ksb-herford.de
Warum nicht aus der nächsten Kinderfete ein Sportfest machen? Der Kreissportbund Herford stellt Sportgeräte zum Ausleihen zur Verfügung. Mit Bällen aller Art, Tischtennisplatten, Torwänden, Stelzen oder Sommerski wird die Geburtstags-Olympiade ein voller Erfolg. Eine super Attraktion sind die Tumble Tots, für die man allerdings viel Platz (ca. hundert Quadratmeter) braucht. Sie bestehen aus vielen einzelnen Elementen, die zu „Bewegungsbaustellen" zusammengesteckt werden. So entstehen Krabbel-, Rutsch- und Roll-Parcours – eine ideale Spielwiese für Vorschulkinder. Ein großes Angebot bietet außerdem der Kreissportbund Höxter (Moltkestr. 12, 37671 Höxter, Tel. 05271-92 19 02).

Süßigkeiten

Conrad Schulte GmbH
Bentelerstr. 9, 33397 Rietberg, Tel. 02944-98 20, zentrale@schulte-feingebaeck.de, www.schulte-feingebaeck.de.

„Bitte, bitte, nimm mich mit!" „Na guut."

Fotos: Fotolia.com/Petra Gurtner, Fotolia.com/adisa

Ein Geheimtipp für Krümelmonster: Leckere Kekse wie zu Großmutters Zeiten gibt es bei Conrad Schulte gleich kartonweise. Besonders praktisch: Je mehr man von den süßen, leckeren Sachen mitnimmt, desto preiswerter werden sie. Das Angebot umfasst u.a. Mürbeteig- und Sandgebäck, Biskuits, Kokosmakronen, Dominosteine sowie Weihnachts- und Teegebäck.
Der Fabrikverkauf ist Mo-Fr von 8 bis 18 Uhr und Sa von 9 bis 13 Uhr geöffnet.

Schulze Ladencafé
Freistr. 23, 33829 Borgholzhausen, Tel. 05425-93 05 44, info@von-ravensberg.de, www.von-ravensberg.de.
Kein Kirmesbesuch ohne Lebkuchenherzen. In kleine und große Herzen können Sie bei „Schulze" beißen, außerdem munden die Ananas- und Kirschbomben, die Dominosteine, die Spitzkuchen und anderes Gebäck vorzüglich. Am schönsten ist es um die Weihnachtszeit in Borgholzhausen. Frische Lebkuchen gibt es jedes Jahr ab September. Die anderen Süßigkeiten sind das ganze Jahr über zu haben.
Öffnungszeiten: Mo-Fr 8.30-18.30, Sa 8.30-13, So 14-18 Uhr.

Ludwig Weinrich
Steinstr. 28, 32051 Herford, Tel. 05221-27 50 41, info@weinrich-schokolade.de, www.weinrich-schokolade.de.
Das Geheimnis guter Schokolade liegt u.a. in der Rührdauer der flüssigen Schokomasse. Je länger die duftende Mischung aus Kakaobutter und -bohnen gerührt wird, desto feiner wird der Schokoladengeschmack. Bei „Weinrich" wird so lange gerührt, bis die Masse in Form gegossen wird. Katzenzungen, Schokoriegel, Nuss-Bruch (lecker: Schoko mit vielen ganzen Nüssen), Pralinen, Kuvertüre und weitere Spezialitäten können Sie preiswert direkt ab Fabrik erstehen. Verkaufszeiten: Fr 7-15 Uhr.

Pahna Lebkuchen
Schuhstr. 48-50, 32657 Lemgo, Tel. 05261-94 00 10, info@pahna.de, www.pahna.de.
Wer kennt sie nicht von der Kirmes oder vom Jahrmarkt: Lebkuchenherzen mit ausgefallener, lustiger oder ganz liebevoller Aufschrift gehören zu jedem Rummelplatz. Aber zu bekommen sind sie nicht nur dort. In Lemgo gibt es sie im Werksverkauf des Traditionsherstellers Pahna. Und das Beste daran ist, dass die Herzen bei Pahna auch nach individuellen Wünschen bestellbar sind. Ob als Einladung zum nächsten Geburtstagsfest, als Weihnachtskarte oder einfach nur als lustiger Gruß – der Fantasie sind keine Grenzen gesetzt. Die Größe und das Gewicht der Herzen variieren: Die kleinsten wiegen 60 Gramm, die Jumbo-Variante hat das stolze Gewicht von einem Kilo. Öffnungszeiten: Mo-Fr 8-16.30 Uhr.

BETREUUNG

Au-pair-Vermittlung

Wenn Sie eine Betreuung für Ihre Kinder oder eine Hilfe bei leichten Hausarbeiten brauchen und wenn Sie Platz für ein weiteres Familienmitglied auf Zeit haben – wie wär's dann mit einem Au-pair-Mädchen aus einem anderen Land? Die Kinder bekommen eine Bezugsperson, die bis zu 30 Stunden pro Woche für sie da ist und auch noch eine andere Kultur und Sprache vermitteln kann. Au-pairs bilden sich im Austausch ebenfalls in Sachen Sprachaneignung und Pädagogik weiter. Die Gastfamilie stellt dem Au-pair ein Zimmer und die Verpflegung frei zur Verfügung, zahlt ein monatliches Taschengeld von € 260 und sorgt für eine entsprechende Kranken-, Haftpflicht- und Unfallversicherung. Au-pairs steht außerdem ein vierwöchiger Urlaub zu. Übrigens: Wenn auch nur im Verhältnis 1:9 – es gibt männliche Au-pairs! Über www.au-pair-society.de (Tel. 02225-83 67 91, pressedienst@apsev.de) bekommt man weitere nützliche Infos und kann eine Liste mit seriösen Vermittlungsstellen in seiner Umgebung abrufen.

Außerdem können Sie sich an folgende Adressen wenden:

▶ *Verein für Internationale Jugendarbeit, Bundesgeschäftsstelle, Wesselstr. 8, 53113 Bonn, Tel. 0228-69 89 52.*

▶ *Au-pair Agency „only for me", Mainzer Landstr. 47, 60329 Frankfurt, Tel. 069-24 70 58 16.*

▶ *Gesellschaft für Internationale Jugendkontakte (GIJK), Oststr. 8-14, 53173 Bonn, Tel. 0228-95 73 00.* Mo-Do 8.30-17.30, Fr 8.30-15 Uhr.

Babysitter

Sie möchten einmal in der Woche in Ruhe einkaufen oder ungestört ins Kino gehen? Sich wieder einmal einen romantischen Abend zu

Wertvoll: ein guter Babysitter

Foto: iStockphoto.com/Joanne Green

zweit gönnen? Aber wer passt auf die Kinder auf? Wenn Sie weder Nachbarskinder haben, die ihr Taschengeld aufbessern wollen, noch hilfsbereite Freunde und Verwandte, ist es nicht leicht, eine vertrauenswürdige Person zu finden. In Ostwestfalen-Lippe gibt es Institutionen, an die man sich wenden kann, wenn man die Einladung ins Kino oder Theater nicht sausen lassen möchte: die Arbeitsämter. In deren Job-Vermittlung finden sich oft Schüler und Studenten, die gern auf Kinder aufpassen. Die potenziellen Babysitter müssen dem Arbeitsamt gegenüber jedoch keinerlei Qualifikation nachweisen. Erfahrungsgemäß kostet Babysitting etwa € 5 bis 8 pro Stunde. Mindestens ein bis zwei Tage vorher beim Arbeitsamt anfragen!

▶ *Job Vermittlung Detmold, Wittekindstr. 2, 32758 Detmold, Tel. 05231-610-761/763.*

▶ *Job Vermittlung Gütersloh, Bismarckstr. 24, 33330 Gütersloh, Tel. 05241-861-777.*

▶ *Job Vermittlung in der Uni Bielefeld (Uni Halle D-0-170), Universitätsstr. 25, 33615 Bielefeld, Tel. 0521-58 77 77 7.*

▶ *Job Vermittlung des Arbeitsamtes Herford, Hansastr. 33, 32049 Herford, Tel. 05221-985-775.*

▶ *Job Vermittlung Höxter, Weserstr. 8, 37671 Höxter, Tel. 05271-97 26-0.*

▶ *Job Vermittlung Minden, Hermannstr. 1, 32423 Minden, Tel. 0571-88 67-566.*

▶ *City Büro des Arbeitsamtes Paderborn, Rosenstr. 16, 33098 Paderborn, Tel. 05251-120-0.*

Außerdem werden Babysitter-Vermittlungszentralen aufgebaut beim:

▶ *Mütterzentrum Paderborn e.V., Kasseler Str. 45, 33098 Paderborn, Tel. 05251-28 03 10*

... und in anderen Mütterzentren und Familienbildungsstätten.

Einkaufen mit Kinderbetreuung

Ikea
Südring, 33647 Bielefeld (Brackwede), Tel. 0180-535 34 35.
Der Albtraum vieler Eltern: Möbelkauf am Wochenende und die Kinder im Schlepptau. Das „unmögliche Möbelhaus" aus Schweden zeigt sich vorbildlich: Während der gesamten Geschäftszeit steht den Drei- bis Zehnjährigen das Ikea-Kinderparadies offen. Das Tollste ist das Ballparadies mit bunten Kugeln, die auf der Haut kitzeln. Ältere Geschwister schauen schon mal neidisch, werden aber im Kin-

derkino getröstet, in dem verschiedene Comic-Klassiker auf Video zu sehen sind. Die Bastel- und Malecke ist immer gut besetzt. Eine kleine Kinderspielecke mit mehr oder weniger attraktivem Spielzeug haben inzwischen viele Geschäfte aller Branchen eingerichtet. Allerdings müssen die Kinder schon so groß sein, dass sie begreifen, dass sie nicht weglaufen dürfen, wenn es ihnen nach einiger Zeit langweilig wird. Eine Betreuung wie bei Ikea gibt es normalerweise nicht. Sollte es dem Nachwuchs im Ikea-Kinderland zu langweilig werden, dann ertönen die legendären Durchsagen: „Die kleine Marie und der Felix möchten aus dem Småland abgeholt werden!"

Einrichtungshaus Finke
Paderborner Str. 97, 33104 Paderborn, Tel. 05251-30 20.
In diesem riesigen Möbelhaus gibt es nicht nur für die einkaufenden Eltern jede Menge zu erleben – hier freuen sich die Kleinen, wenn sie durch die Eingangstür treten. Denn sie wissen: Hier können Sie nach Herzenslust spielen, toben und tollen. Unter Anleitung von Erzieherinnen und Erziehern können die jungen Gäste einen ganzen Nachmittag ohne Langeweile im großen Spielparadies verbringen. Neben den körperlichen Aktivitäten darf nach Herzenslust gemalt werden. Praktisch: Wenn sich Eltern und Nachwuchs für eine Erholungspause treffen, können sie neben der Spiellandschaft im Café etwas essen und trinken. Gleich neben dem Möbelhaus steht das neue Paderborner Fußballstadion, die Energieteam Arena.

Möbelhaus Zurbrüggen
Herforder Str. 306, 33609 Bielefeld, Tel. 0521-971 21 20.
In diesem großen Möbelhaus ist der Nachwuchs der Einkäufer bestens versorgt. Sie können ausgelassen im Kinderland spielen und ihre Eltern halten in der Zwischenzeit nach neuen Einrichtungsideen Ausschau. Dieses Programm eignet sich besonders für regnerische Tage, an denen das Toben im Freien sowieso nicht möglich ist.

Mama muss leider zur Arbeit

Kindergärten & Kindertagesstätten

Meist sind Kindergärten und Kindertagesstätten in kommunaler oder kirchlicher Trägerschaft. Wer sich über die einzelnen Angebote informieren möchte, sollte deshalb zu den Trägern, also den Gemeinden oder der katholischen bzw. evangelischen Kirche, Kontakt aufnehmen. In fast allen Kindergärten gibt es regelmäßig einmal pro Jahr Tage der offenen Tür. Dies ist die beste Gelegenheit für Familien, die Plätze für Ihren Nachwuchs suchen, hinter die Kulissen zu blicken und mit Erzieherinnen und Erziehern, sowie anderen Eltern Kontakt aufzunehmen. Die genauen Termine dieser Veranstaltungen entnehmen Sie einfach dem Lokalteil Ihrer Tageszeitung. Bei Fragen hilft Ihnen auch Ihre Heimatkommune gerne weiter. Einfach mal im Rathaus anrufen und nach den geeigneten Ansprechpartner fragen.

Kinderkrankenpflege

Wenn im Kindergarten die Windpocken umgehen, bricht vor allem bei Alleinerziehenden sofort der Angstschweiß aus: Wer versorgt die Sprösslinge, wenn sie krank werden und Mama oder Papa arbeiten müssen? Laut Gesetz stehen aber jedem Elternteil, das ein krankes Kind zu betreuen hat, zehn Tage Sonderurlaub pro Jahr zu (Alleinerziehenden 20 Tage). In dieser Zeit besteht unter folgenden Umständen auch Anspruch auf Krankengeld:

- Wenn das Kind mit einem Elternteil in einer gesetzlichen Krankenkasse versichert ist,
- wenn niemand zum Haushalt gehört, der die Pflege problemlos übernehmen kann,
- wenn das Kind das zwölfte Lebensjahr noch nicht vollendet hat,
- wenn dem Arbeitgeber ein ärztliches Attest vorgelegt wird.

Bei zwei Kindern verdoppeln sich übrigens die Ansprüche. Die Höchstgrenze für Eltern von mehr als zwei Kindern liegt allerdings bei 25 Tagen Sonderurlaub pro Jahr und Arbeitnehmer. Wenn beide Elternteile im Haushalt leben, können also insgesamt 50 Sonderurlaubstage in Anspruch genommen werden. Für Alleinerziehende gilt diese Regel auch. Sie könnten im Notfall ebenfalls 50 Tage pro Jahr zu Hause bleiben und auf ihre kranken Kinder aufpassen. Wenn den Windpocken noch Keuchhusten folgt und der Sonderurlaub partout nicht ausreicht, vermitteln die Sozialstationen der Wohlfahrtsverbände Familienpflegerinnen, die die Mutter vertreten und das Kind versorgen.

Tagesmütter

Immer mehr Frauen möchten rasch nach der Geburt ihrer Kinder wieder ins Berufsleben einsteigen, schon um den Anschluss nicht zu verpassen. Doch es ist nicht einfach, eine geeignete Betreuung für das Kind zu finden. In fast allen Jugendämtern gibt es inzwischen Ansprechpartner in Sachen Tagespflege. Sie führen eine Kartei mit ausgewählten Tagesmüttern. Das heißt, die zukünftigen „Zweitmuttis" haben sich beim Jugendamt vorgestellt und nachgewiesen, dass sie für die Betreuung von Kindern geeignet sind und auch genügend Platz für die Betreuung zur Verfügung stellen können. Die gesammelten Angaben werden regelmäßig vom Jugendamt kontrolliert. Für eine Halbtagsbetreuung in Bielefeld muss pro Monat ca. € 170 veranschlagt werden. Bei absoluter Finanzknappheit kann ein Zuschuss oder die Übernahme der Kosten beim Jugendamt beantragt werden. Weitere Informationen sind bei den Stadtverwaltungen erhältlich.

Landfrauen Service Gütersloh
Graswinkel 51, 33397 Rietberg-Mastholte, Tel. 02944-584 41, Kontakt: Ingrid Wedeking.
Die wirtschaftliche Not auf vielen Bauernhöfen der Region hat die Landfrauen erfinderisch gemacht. Sie haben sich zusammengesetzt und ein umfassendes Konzept mit Serviceleistungen erarbeitet, die sie neben der Arbeit in der Vieh- und Landwirtschaft anbieten können. So kann man zum Beispiel eine Bäuerin als Fremdenführerin, als Haushaltshilfe oder eben als Tagesmutter „mieten". Vorteil: Auf einem Hof sind Kinder immer gut aufgehoben. Tarife und die Art der Betreuung werden individuell abgestimmt. Im Raum Lübbecke z.B. zahlen Eltern pro Betreuungsstunde etwa € 3.

Foto: iStockfoto/Bartcsz Ostrowski

INDEX

Foto: Fotolia.com/Fotolia

IMPRESSUM

Verlag: COMPANIONS GmbH, Rödingsmarkt 9,
20459 Hamburg, Tel. 040-306 04-600, Fax 040-306 04-690,
E-Mail: info@companions.de, www.companions.de

Redaktion: Petra Spaarschuh
Aktualisierung: Jens Reddeker
Schlussredaktion: Christine Reinhold
Schlusskorrektur: Inken Kahlstorff

Gestaltung: Cornelia Prott
Illustrationen: Désirée Peulecke
Titelfoto: Herbert Ohge

Druck und Bindung: DZA Druckerei zu Altenburg GmbH

Wir danken Natalie Domagalski für ihre Mitarbeit.

ISBN 978-3-89740-636-0

Hat Ihnen „Kind in Ostwestfalen-Lippe“ gefallen? Vielleicht haben Sie liebe Freunde mit Kindern, denen Sie beim nächsten Besuch etwas Originelleres als Blumen mitbringen möchten? Dann verschenken Sie den praktischen Familienfreizeitführer doch ganz einfach. Er ist frisch aktualisiert für folgende Städte und Regionen erschienen: Berlin, Braunschweig, Düsseldorf, Hamburg, Hannover, Köln/Bonn, München, Rheinland-Pfalz und Saarland, Rhein-Main-Gebiet, Ruhrgebiet und Stuttgart.